JÖRG LÜCKE

Die (Un-)Zumutbarkeit als allgemeine Grenze öffentlich-rechtlicher Pflichten des Bürgers

Schriften zum Öffentlichen Recht

Band 227

Die (Un-)Zumutbarkeit als allgemeine Grenze öffentlich-rechtlicher Pflichten des Bürgers

Von

Dr. Jörg Lücke

DUNCKER & HUMBLOT / BERLIN

Gedruckt 1973 bei Feese & Schulz, Berlin 41
Printed in Germany
ISBN 3 428 03012 5

Vorwort

Die vorliegende Schrift hat im Sommer 1972 der Juristischen Fakultät der Universität Göttingen als Dissertation vorgelegen. Rechtsprechung und Schrifttum konnten im wesentlichen bis zum Juni 1972 berücksichtigt werden.

Die Arbeit wurde von Herrn Prof. Dr. Klein betreut und von ihm sowie von Herrn Prof. Dr. Rinck bereitwillig gefördert, wofür ich beiden Herren aufrichtigen Dank sage.

Mein besonderer Dank gilt Herrn Ministerialrat a. D. Dr. J. Broermann für die Aufnahme der Schrift in sein Verlagsprogramm.

Göttingen, im Mai 1973

Jörg Lücke

Inhaltsverzeichnis

Abkürzungsverzeichnis*

AcP	Archiv für die civilistische Praxis
AO	Reichsabgabenordnung v. 22. 5. 1931 (RGBl I, S. 161), zuletzt geändert durch Gesetz v. 30. 8. 1971 (BGBl I, S. 1426)
AöR	Archiv des öffentlichen Rechts
ArbSiG	Gesetz zur Sicherstellung von Arbeitsleistungen für Zwecke der Verteidigung einschließlich des Schutzes der Zivilbevölkerung (Arbeitssicherstellungsgesetz) v. 9. 7. 1968 (BGBl I, S. 787) i. d. F. des Gesetzes vom 27. 7. 1969 (BGBl I, S. 946)
ArbuR	Arbeit und Recht, Zeitschrift für Arbeitsrechtspraxis
AuslG	Ausländergesetz v. 28. 4. 1965 (BGBl I, S. 353), zuletzt geändert durch Gesetz v. 23. 6. 1970 (BGBl I, S. 805)
bad-württ GBl	Gesetzblatt für Baden-Württemberg
bad-württ StrG	Straßengesetz für Baden-Württemberg v. 20. 3. 1964 (bad-württ GBl, S. 127, berichtigt bad-württ GBl 1965, S. 78)
BAGE	Entscheidungen des Bundesarbeitsgerichts
BayBgm	Der Bayerische Bürgermeister, Monatszeitschrift für Verwaltungspraxis
bayGO	Gemeindeordnung für den Freistaat Bayern (GO) i. d. F. v. 14. 12. 1970 (bayGVBl 1971, S. 13)
bayGVBl	Bayerisches Gesetz- und Verordnungsblatt
BayObLG	Bayerisches Oberstes Landesgericht
BayObLSt	Sammlung von Entscheidungen des Bayerischen Obersten Landesgerichts in Strafsachen
BayStrWG	Bayerisches Straßen- und Wegegesetz (BayStrWG) i. d. F. der Bekanntmachung v. 25. 4. 1968 (bayGVBl, S. 64)
BayVBl	Bayerische Verwaltungsblätter, Zeitschrift für öffentliches Recht und öffentliche Verwaltung
BayVerf	Verfassung des Freistaates Bayern v. 2. 12. 1946 (bayGVBl, S. 333), zuletzt geändert durch Gesetz v. 15. 6. 1970 (bay GVBl, S. 239)
BayVerfGH	Bayerischer Verfassungsgerichtshof
BayVerfGHE	Entscheidungen des Bayerischen Verfassungsgerichtshofs, in: Sammlung von Entscheidungen des Bayerischen Verwaltungsgerichtshofs mit Entscheidungen des Bayerischen Verfassungsgerichtshofs und anderer Gerichte, II. Teil
BayVGH	Bayerischer Verwaltungsgerichtshof

* Gängige Abkürzungen wie z. B. a. A., a. M., BGB, StGB, ZPO, m. w. Nachw. usw. werden als bekannt vorausgesetzt und sind in diesem Verzeichnis daher nicht aufgenommen.

BayVGHE	Entscheidungen des Bayerischen Verwaltungsgerichtshofs, in: Sammlung von Entscheidungen des Bayerischen Verwaltungsgerichtshofs mit Entscheidungen des Bayerischen Verfassungsgerichtshofs und anderer Gerichte, I. Teil
BB	Der Betriebs-Berater
BBG	Bundesbeamtengesetz (BBG) i. d. F. v. 17. 7. 1971, (BGBl I, S. 1181), zuletzt geändert durch Gesetz v. 22. 12. 1971 (BGBl I, S. 2080)
BDH	Bundesdisziplinarhof
BDHE	Entscheidungen des Bundesdisziplinarhofes
BFH	Bundesfinanzhof
BFHE	Sammlung der Entscheidungen des Bundesfinanzhofs
BGBl I	Bundesgesetzblatt, Teil I
BGH	Bundesgerichtshof
BGHSt	Entscheidungen des Bundesgerichtshofes in Strafsachen
BGHZ	Entscheidungen des Bundesgerichtshofes in Zivilsachen
BLG	Bundesleistungsgesetz i. d. F. v. 27. 9. 1961 (BGBl I, S. 1769), zuletzt geändert durch Gesetz v. 24. 5. 1968 (BGBl I, S. 503)
BSGE	Entscheidungen des Bundessozialgerichts
BSHG	Bundessozialhilfegesetz i. d. F. v. 18. 9. 1969 (BGBl I, S. 1688)
BStBl, Teil III	Bundessteuerblatt, Teil III, Entscheidungen und Gutachten des Bundesfinanzhofs
Buchholz	Sammel- und Nachschlagewerk der Rechtsprechung des Bundesverwaltungsgerichts, herausgegeben von Karl Buchholz
BVerfG	Bundesverfassungsgericht
BVerfGE	Entscheidungen des Bundesverfassungsgerichts
BVerfGG	Gesetz über das Bundesverfassungsgericht i. d. F. der Bekanntmachung v. 3. 2. 1971 (BGBl I, S. 105)
BVerwG	Bundesverwaltungsgericht
BVerwGE	Entscheidungen des Bundesverwaltungsgerichts
BzBlG	Gesetz zur Verminderung von Luftverunreinigungen durch Bleiverbindungen in Ottokraftstoffen für Kraftfahrzeugmotore (Benzinbleigesetz — BzBlG) v. 5. 8. 1971 (BGBl I, S. 1234)
DöD	Der öffentliche Dienst, Ausgabe A
DÖV	Die Öffentliche Verwaltung, Zeitschrift für Verwaltungsrecht und Verwaltungspolitik
DOG	Deutsches Obergericht für das Vereinigte Wirtschaftsgebiet
DStR	Deutsche Steuer-Rundschau
DV	Deutsche Verwaltung, Zeitschrift für Verwaltungsrecht
DVBl	Deutsches Verwaltungsblatt
ESVGH	Entscheidungen des Hessischen Verwaltungsgerichtshofs und des Verwaltungsgerichtshofs Baden-Württemberg mit Entscheidungen der Staatsgerichtshöfe beider Länder — ESVGH —

EVwVerfG 1963	Musterentwurf eines Verwaltungsverfahrensgesetzes (EVwVerfG 1963)
GA	*Goldammers* Archiv für Strafrecht
GüKG	Güterkraftverkehrsgesetz i. d. F. v. 22. 12. 1969 (BGBl 1970 I, S. 2), zuletzt geändert durch Gesetz v. 24. 12. 1971 (BGBl I, S. 2149)
HBG	Hessisches Beamtengesetz (HBG) i. d. F. v. 16. 2. 1970 (hess GVBl, S. 110), zuletzt geändert durch Gesetz v. 24. 5. 1971 (hess GVBl, S. 122)
hess GVBl	Gesetz- und Verordnungsblatt für das Land Hessen
HessStGH	Hessischer Staatsgerichtshof
HGO	Hessische Gemeindeordnung (HGO) i. d. F. v. 1. 7. 1960 (hess GVBl, S. 103, berichtigt S. 164), zuletzt geändert durch Gesetz v. 2. 11. 1971 (hess GVBl, S. 253)
HW	Haus und Wohnung
JherJahrb	Jherings Jahrbücher für die Dogmatik des bürgerlichen Rechts
JR	Juristische Rundschau
JurJb	Juristen-Jahrbuch
JuS	Juristische Schulung, Zeitschrift für Studium und Ausbildung
JW	Juristische Wochenschrift
JZ	Juristenzeitung
KStZ	Kommunale Steuer — Zeitschrift für das gesamte Gemeindeabgabenwesen
LAG	Landesarbeitsgericht
LG	Landgericht
LM	Lindenmaier - Möhring, Nachschlagewerk des Bundesgerichtshofs
LuftVG	Luftverkehrsgesetz i. d. F. v. 4. 11. 1968 (BGBl I, S. 1113) zuletzt geändert durch Gesetz v. 30. 3. 1971 (BGBl I, S. 282)
LZ	Leipziger Zeitschrift für Deutsches Recht
MDR	Monatsschrift für Deutsches Recht
nds GVBl	Niedersächsisches Gesetz- und Verordnungsblatt
nds GVBl Sb. I	Niedersächsisches Gesetz- und Verordnungsblatt — Sonderblatt I — Sammlung des bereinigten niedersächsischen Rechts
NdsRpfl	Niedersächsische Rechtspflege
NGO	Niedersächsische Gemeindeordnung (NGO) i. d. F. v. 27. 10. 1971 (nds GVBl, S. 321)
NJW	Neue Juristische Wochenschrift
NStrG	Niedersächsisches Straßengesetz (NStrG) v. 14. 12. 1962 (nds GVBl, S. 251), zuletzt geändert durch Gesetz v. 24. 6. 1970 (nds GVBl, S. 237)
nwGO	Gemeindeordnung für das Land Nordrhein Westfalen i. d. F. v. 11. 8. 1969 (nw GVBl, S. 656)
OGH	Oberster Gerichtshof für die britische Zone
OLG	Oberlandesgericht
OVG	Oberverwaltungsgericht

OVGE	Entscheidungen der Oberverwaltungsgerichte für das Land Nordrhein-Westfalen in Münster sowie für die Länder Niedersachsen und Schleswig-Holstein in Lüneburg mit Entscheidungen anderer Gerichte
PBefG	Personenbeförderungsgesetz (PBefG) v. 21. 3. 1961 (BGBl I, S. 241), zuletzt geändert durch Gesetz v. 27. 6. 1970 (BGBl I, S. 911)
RFHE	Sammlung der Entscheidungen und Gutachten des Reichsfinanzhofs
RG	Reichsgericht
RGBl I	Reichsgesetzblatt, Teil I
RGSt	Entscheidungen des Reichsgerichts in Strafsachen
RGZ	Entscheidungen des Reichsgerichts in Zivilsachen
RKGE	Entscheidungen des Reichskriegsgerichts
SchlHA	Schleswig-Holsteinische Anzeigen, Justizministerialblatt für Schleswig-Holstein
schl-holst GVBl	Gesetz- und Verordnungsblatt für Schleswig-Holstein
schl-holst StrWG	Straßen- und Wegegesetz des Landes Schleswig-Holstein v. 22. 6. 1962 (schl-holst GVBl, S. 237)
SJZ	Süddeutsche Juristen-Zeitung
SoldG	Gesetz über die Rechtsstellung der Soldaten (Soldatengesetz) i. d. F. v. 22. 4. 1969 (BGBl I, S. 314, berichtigt S. 429), zuletzt geändert durch Gesetz v. 21. 12. 1970 (BGBl I, S. 1778)
SozSi	Soziale Sicherheit, Zeitschrift für Sozialpolitik
StbJb	Steuerberater-Jahrbuch
SV	Die Sozialversicherung, Zeitschrift für alle Angelegenheiten der Renten-, Kranken- und Unfallversicherung
VerwArch	Verwaltungsarchiv, Zeitschrift für Verwaltungslehre, Verwaltungsrecht und Verwaltungspolitik
VerwRspr	Verwaltungsrechtsprechung in Deutschland, Sammlung oberstrichterlicher Entscheidungen aus dem Verfassungs- und Verwaltungsrecht
VG	Verwaltungsgericht
VGH	Verwaltungsgerichtshof
VVDStRL	Veröffentlichungen der Vereinigung der Deutschen Staatsrechtslehrer
WarnRspr	Die Rechtsprechung des Reichsgerichts auf dem Gebiete des Zivilrechts, herausgegeben von Otto Warneyer
WasSiG	Gesetz über die Sicherstellung von Leistungen auf dem Gebiet der Wasserwirtschaft für Zwecke der Verteidigung v. 24. 8. 1954 (BGBl I, S. 1225, berichtigt S. 1817), geändert durch Gesetz v. 24. 5. 1968 (BGBl I, S. 503)
WPflG	Wehrpflichtgesetz i. d. F. der Bekanntmachung v. 28. 9. 1969 (BGBl I, S. 1773, berichtigt S. 2043), geändert durch Gesetz v. 22. 12. 1971 (BGBl I, S. 2084)
ZG	Zollgesetz v. 14. 6. 1961 (BGBl I, S. 737) v. 18. 5. 1970 (BGBl I, S. 529)
ZHR	Zeitschrift für das gesamte Handelsrecht und Konkursrecht
ZRP	Zeitschrift für Rechtspolitik
ZStW	Zeitschrift für die gesamte Strafrechtswissenschaft

A. Einleitung

Das öffentliche Recht läßt sich — ohne daß es auf seine Unterscheidung vom privaten Recht[1] ankäme — als das Rechtsgebiet begreifen, welches unter anderem das Verhältnis des einzelnen zum Staat regelt[2]. Diese Beziehung interessiert im Rahmen der Arbeit insoweit, als sie das Verhalten betrifft, das der Staat vom einzelnen verlangen kann[3] oder — aus der Sicht des Bürgers betrachtet — zu dem der einzelne dem Staat gegenüber verpflichtet ist[4].

Die damit angesprochenen öffentlich-rechtlichen Pflichten des Bürgers[5] verlangen ein Tun, Dulden oder Unterlassen[6]. Als Beispiele seien die Polizei-, die Schul- und Wehrpflicht sowie die allgemeine Pflicht genannt, die Gesetze, etwa die Strafgesetze, zu beachten[7].

Bei all diesen Pflichten stellt sich aus rechtsstaatlichen Gründen die Frage nach ihrer Beschränkung[8]. Die Grenzen können mannigfacher

---

[1] Dazu etwa *Wolff*, Verwaltungsrecht I, 8. Aufl., München 1971, S. 97 - 99 mit einem Überblick über die vertretenen Meinungen.

[2] In diesem Sinn etwa *Jellinek*, Verwaltungsrecht, 3. Aufl., unveränderter Neudruck, Offenburg 1948, S. 47 f.; *Larenz*, Allgemeiner Teil des Deutschen Bürgerlichen Rechts, München 1967, S. 1; *Lehmann - Hübner*, Allgemeiner Teil des Bürgerlichen Gesetzbuches, 16. Aufl., Berlin 1966, S. 1.

[3] Für eine derartige inhaltliche Bestimmung des Verwaltungsrechts *Giacometti*, Allgemeine Lehren des rechtsstaatlichen Verwaltungsrechts, 1. Band, Zürich 1960, S. 296.

[4] Zu einem derart verstandenen Inhalt des Verwaltungsrechts außer *Giacometti*, Allgemeine Lehren (1960), S. 296 auch *Forsthoff*, Lehrbuch des Verwaltungsrechts, 1. Bd., Allgemeiner Teil, 9. Aufl., München und Berlin 1966, S. 177 und *Merk*, Deutsches Verwaltungsrecht, 2. Band, Berlin 1970, S. 1475.

[5] Dazu u. a. *Nebinger*, Verwaltungsrecht, Allgemeiner Teil, 2. Aufl., Stuttgart 1949, S. 259 f.; *Peters*, Lehrbuch der Verwaltung, Berlin usw. 1949, S. 143 f.; *Wolff*, Verwaltungsrecht I (1971), S. 276 f.

[6] *Forsthoff*, Verwaltungsrecht (1966), S. 177, *Giacometti*, Allgemeine Lehren (1960), S. 298; auch *v. Mangoldt - Klein*, Das Bonner Grundgesetz, Bd. I, 2. Aufl., Berlin und Frankfurt a. M. 1957, Vorbemerkungen A V 2 (S. 77) und *Wolff*, Verwaltungsrecht I (1971), S. 264 und S. 276.

[7] Dazu *Forsthoff*, Verwaltungsrecht (1966), S. 170 f.; auch *Merk*, Verwaltungsrecht II (1970), S. 1475; und *Nebinger*, Verwaltungsrecht (1949), S. 259 f.; ferner *Maunz*, Deutsches Staatsrecht, 17. Aufl., München 1969, S. 105 f.

[8] So ausdrücklich im Zusammenhang mit öffentlich-rechtlichen Pflichten *Nebinger*, Verwaltungsrecht (1949), S. 257; allgemein zum Rechtsstaatsprinzip, verstanden als Begrenzung staatlicher Gewalt, u. a. *E.-W. Böckenförde*, Entstehung und Wandel des Rechtsstaatsbegriffs, in: Festschrift für *A. Arndt*, Frankfurt a. M. 1969, S. 53, 75; *Coing*, Grundzüge der Rechtsphilosophie, 2.

Art sein. Ob gerade die Zumutbarkeit und die Unzumutbarkeit öffentlich-rechtlichen Pflichten des Bürgers eine Schranke setzen, gilt es in dieser Arbeit zu untersuchen. Gemeint ist damit die Frage, ob der Bürger den ihn treffenden öffentlich-rechtlichen Pflichten lediglich dann nachzukommen hat, wenn sie ihm zumutbar sind oder — umgekehrt gesehen — ob bei Unzumutbarkeit die genannten Pflichten entfallen.

Anlaß zu solchen Überlegungen geben Rechtsprechung und Schrifttum, die vielfach die (Un-)Zumutbarkeit als pflichtenbegrenzenden Gesichtspunkt mit den unterschiedlichsten Begründungen heranziehen (s. u. B.). Auffällig ist, daß sich in den jeweils einschlägigen und von der Literatur angewandten Normen keinerlei Anhaltspunkte finden, das Merkmal der (Un-)Zumutbarkeit zu verwenden. Wenn dessen ungeachtet die (Un-)Zumutbarkeit zur Begrenzung der verschiedensten öffentlich-rechtlichen Pflichten bemüht wird, so mag dies anzeigen, daß sich hinter ihrem Gebrauch bei zahlreichen Einzelpflichten eine allgemeine Pflichtengrenze der (Un-)Zumutbarkeit verbirgt, die für alle öffentlichrechtlichen Pflichten bedeutsam sein kann.

Ehe versucht werden soll, eine derart umfassende Pflichtengrenze im öffentlichen Recht nachzuweisen (s. u. D.), wird der Text auf den Begriff der (Un-)Zumutbarkeit eingehen (s. u. C.). Dabei wird sich die eingangs gewonnene Erkenntnis von der pflichtenbegrenzenden Funktion der (Un-)Zumutbarkeit als hilfreich erweisen.

Die weiteren Abschnitte werden die verfassungsrechtliche Einordnung der Pflichtengrenze der (Un-)Zumutbarkeit betreffen (s. u. E. und F.). Die Bedeutung dieser Ausführungen wird sich bei den abschließend zu behandelnden Anwendungsbeispielen zeigen (s. u. G.), wenn es unter anderem darum gehen wird, ob öffentlich-rechtliche Vorschriften, die nicht der Pflichtengrenze der (Un-)Zumutbarkeit entsprechen, verfassungswidrig sind.

Aufl., Berlin 1969, S. 241; *Hamann - Lenz*, Das Grundgesetz für die Bundesrepublik Deutschland vom 23. Mai 1949, 3. Aufl., Neuwied und Berlin 1970, Einführung D 1 A 2 (S. 56); *Henkel*, Einführung in die Rechtsphilosophie, München und Berlin 1964, S. 109; *Hesse*, Grundzüge des Verfassungsrechts der Bundesrepublik Deutschland, 4. Aufl., Karlsruhe 1970, S. 77.

B. Begrenzung öffentlich-rechtlicher Pflichten durch die (Un-)Zumutbarkeit in Rechtsprechung und Schrifttum

I. Allgemeine Stellungnahmen

Allgemein gehaltene Stellungnahmen zur Beschränkung öffentlich-rechtlicher Pflichten auf das für den Bürger Zumutbare fehlen in der Literatur fast völlig. Das läßt erkennen, daß sich in der Rechtsprechung und im Schrifttum eine aus der (Un-)Zumutbarkeit bestehende Grenze für alle öffentlich-rechtlichen Pflichten nicht ausgebildet hat. Nur vereinzelt finden sich Äußerungen, die die (Un-)Zumutbarkeit über einzelne öffentlich-rechtliche Pflichten hinaus zur Begrenzung heranziehen. Sie berufen sich auf zivilrechtliche Lehren, die von der clausula rebus sic stantibus und der wirtschaftlichen Unmöglichkeit, die ihrerseits die (Un-)Zumutbarkeit verwenden, um zivilrechtliche Pflichten zu beschränken. Diese Theorien werden daher nachstehend zum besseren Verständnis der allgemeinen Stellungnahmen in die Darstellung einbezogen.

1. Nebingers Auffassung und die Lehre von der clausula rebus sic stantibus

Nebinger[1] meint für öffentlich-rechtliche Leistungspflichten, eine an sich bestehende derartige Pflicht brauche wegen Unzumutbarkeit infolge veränderter Umstände nicht erfüllt zu werden. Zur Begründung verweist er auf die Theorie von der clausula rebus sic stantibus.

Die Verknüpfung der (Un-)Zumutbarkeit mit der Lehre von der clausula findet sich bereits im älteren Gemeinen Recht[2], in dem sich das Klauselprinzip entwickelte[3]. Die Motive zu dem Entwurfe eines Bürgerlichen Gesetzbuches für das Deutsche Reich lehnten dann allerdings die allgemeine Hereinnahme des Klauselgedankens in das Bürgerliche Ge-

[1] Verwaltungsrecht (1949), S. 89.

[2] *Pieper*, Die Systematik des wichtigen Grundes zur außerordentlichen Kündigung, insbesondere bei Arbeitsverhältnissen, Diss. Köln 1956, S. 28.

[3] *Siebert - Knopp*, in: Soergel - Siebert, Bürgerliches Gesetzbuch, Band 2, Schuldrecht I (§§ 241 - 610), 10. Aufl., Stuttgart usw. 1967, § 242, Anm. 374; zur Dogmengeschichte der clausula ausführlich und genauer *Kegel*, Empfiehlt es sich, den Einfluß grundlegender Veränderungen des Wirtschaftslebens auf Verträge gesetzlich zu regeln und in welchem Sinn? (Geschäftsgrundlage, Vertragshilfe, Leistungsverweigerungsrecht), in: Verhandlungen des vier-

setzbuch ab[4]. Diese Einstellung fand ihre Bestätigung insbesondere in der Rechtsprechung des Reichsgerichts[5] und entspricht auch heute der durchweg herrschenden Meinung, die die clausula rebus sic stantibus als allgemeines Rechtsprinzip nicht anerkennt[6].

Das mag damit zusammenhängen, daß sich die Theorie von der clausula als entbehrlich herausgestellt hat. Seit einem Urteil des Reichsgerichts aus dem Jahre 1922[7] werden nämlich die Veränderungen der Umstände von der zivilrechtlichen Literatur fast ausschließlich unter dem auf § 242 BGB gestützten Gesichtspunkt des Wegfalls der Geschäftsgrundlage berücksichtigt[8], und zwar unter der Voraussetzung, daß ein Festhalten an dem Vertrag dem Verpflichteten nach Treu und Glauben nicht mehr zugemutet werden kann[9]. Diese Entwicklung hat dazu geführt, daß die clausula rebus sic stantibus heute praktisch in der Lehre von der Geschäftsgrundlage und damit in § 242 BGB aufgegangen ist[10]. Anklänge an diese Wandlung finden sich auch bei *Nebinger*, der die eingangs wiedergegebenen Aussagen im Zusammenhang mit der Behandlung des Grundsatzes von Treu und Glauben macht[11].

---

zigsten Deutschen Juristentages, Band I (Gutachten), Tübingen 1953, S. 135, 139 - 143 sowie *Larenz*, Geschäftsgrundlage und Vertragserfüllung, 3. Aufl., München und Berlin 1963, S. 11 - 17, S. 54 - 56 und S. 109 - 117; ferner *Auffenberg*, Die clausula rebus sic stantibus im Verwaltungsrecht, Diss. Göttingen 1936, S. 4 - 7 unter Berücksichtigung auch des öffentlichen Rechts, S. 7 f.

[4] Band II, Berlin und Leipzig 1888, S. 199.

[5] Grundlegend RGZ Bd. 50, S. 255, 257, Urt. v. 13. 2. 1902, ferner etwa Bd. 60, S. 56, 58 f., Urt. v. 28. 1. 1905, zusammenfassend Bd. 99, S. 258, 259, Urt. v. 8. 7. 1920.

[6] So z. B. *Esser*, Schuldrecht, Band I, Allgemeiner Teil, 4. Aufl., Karlsruhe 1970, S. 228; *Fikentscher*, Schuldrecht, 3. Aufl., Berlin und New York 1971, S. 40; *Palandt - Heinrichs*, Bürgerliches Gesetzbuch, 31. Aufl., München 1972, § 242, Anm. 6 a); *Soergel - Siebert - Knopp*, BGB (1967), § 242, Anm. 374; *Weber*, in: Staudinger, Kommentar zum Bürgerlichen Gesetzbuch, II. Band, Recht der Schuldverhältnisse, Teil 1 b, § 242, 11. Aufl., Berlin 1961, § 242, Anm. E 12, 14, 18 und 20 m. w. Nachw.

[7] RGZ Bd. 103, S. 328, 332 f., Urt. v. 3. 2. 1922.

[8] *Soergel - Siebert - Knopp*, BGB (1967), § 242 Anm. 376, 377; Staudinger - *Weber*, BGB (1961), § 242, Anm. E 30; auch *Tober*, Wegfall der „Geschäftsgrundlagen" im Verwaltungsrecht, BayVBl 1970, S. 357, 358.

[9] Als Beispiele aus der Rechtsprechung seien genannt: RGZ Bd. 160, S. 257, 265 - 267, Urt. v. 5. 4. 1939, Bd. 165, S. 193, 199, Urt. v. 13. 11. 1940; BGHZ Bd. 40, S. 334, 337, Beschl. v. 12. 12. 1963; allgemein zu dieser Entwicklung *Nastelski*, in: Das Bürgerliche Gesetzbuch, Kommentar, herausgegeben von Reichsgerichtsräten und Bundesrichtern, 11. Aufl., I. Band, 2. Teil, Recht der Schuldverhältnisse, §§ 241 - 432, Berlin 1960, § 242, Anm. 70; *Soergel - Siebert - Knopp*, BGB (1967), § 242, Anm. 372; *Staudinger - Weber*, BGB (1961), § 242, Anm. E 30.

[10] So *Soergel - Siebert - Knopp*, BGB (1967), § 242, Anm. 390 a. E.; auch schon *Oertmann*, Geschäftsgrundlage, in: Handwörterbuch der Rechtswissenschaft, herausgegeben von Stier - Somlo und Elster, 2. Band, Berlin u. Leipzig 1927, S. 803, wonach die Lehre von der Geschäftsgrundlage die Fälle der clausula rebus sic stantibus mit umfasse.

[11] Verwaltungsrecht (1949), S. 89.

Theoretisch bestehen allerdings zwischen beiden Rechtsinstituten Unterschiede. Die clausula rebus sic stantibus ist — wie schon die Bezeichnung clausula verrät — ein dem Vertrag innewohnender Bestandteil, während die Geschäftsgrundlage kein Vertragsinhalt ist, also gerade nicht Eingang in den Vertrag gefunden hat, sondern als selbstverständlich vorausgesetzt wird[12]. Ferner erfaßt das Klauselprinzip nur die gegenüber dem Vertragsschluß nachträgliche Veränderung der Umstände; demgegenüber bezieht die Lehre von der Geschäftsgrundlage daneben die Vorstellungen vom Vorhandensein eines in der Vergangenheit liegenden Umstandes ein[13]. Schließlich tritt als Rechtsfolge der clausula die völlige Befreiung von der Verpflichtung durch Rücktritt ein, während der Wegfall der Geschäftsgrundlage in erster Linie zur Anpassung und erst zweitrangig zum Erlöschen der vertraglichen Pflichten führt[14].

Hervorzuheben bleibt aber, daß sich — ungeachtet der theoretischen Verschiedenheiten und der praktischen Auflösung des Klauselgedankens in der Lehre von der Geschäftsgrundlage — nichts daran geändert hat, die (Un-)Zumutbarkeit als den entscheidenden Gesichtspunkt herauszustellen. Das geht teilweise soweit, daß das Rechtsinstitut der Geschäftsgrundlage nur als besondere Ausprägung der Unzumutbarkeit begriffen wird[15].

2. H. Peters' Auffassung und die Lehre von der wirtschaftlichen Unmöglichkeit

Außer bei *Nebinger* findet sich noch bei *H. Peters* eine allgemeine Stellungnahme, die im Sinne einer Begrenzung öffentlich-rechtlicher Pflichten durch die (Un-)Zumutbarkeit gedeutet werden kann. H. Peters[16] meint, Verwaltungsakte dürften nichts rechtlich oder tatsächlich Unmögliches enthalten; damit entfalle seines Erachtens auch das Recht des Verwaltungsträgers, Unzumutbares zu fordern[17].

Die angeführte Argumentation entspricht der insbesondere vom Reichsgericht vertretenen Lehre von der wirtschaftlichen Unmöglichkeit, die die Unzumutbarkeit der Leistung als wirtschaftliche Unmög-

---

[12] So etwa *Oertmann*, Geschäftsgrundlage (1927), S. 803, 804; *Soergel - Siebert - Knopp*, BGB (1967), § 242, Anm. 390; *Staudinger - Weber*, BGB (1961), § 242, Anm. E 38.

[13] So wiederum die oben (Fußn. 12) Genannten.

[14] *Soergel - Siebert - Knopp*, BGB (1967), § 242, Anm. 390 a. E.; *Staudinger - Weber*, BGB (1961), § 242, Anm. E 38 a. E. u. a.

[15] So *Soergel - Siebert - Knopp*, BGB (1967), § 242, Anm. 41 und 371.

[16] Verwaltung (1949), S. 158.

[17] Ihm folgend OVG Rheinland-Pfalz DÖV 1954, S. 216, 217, Plenarbeschl. v. 13. 3. 1953.

lichkeit verstand[18] und diese wiederum — allerdings nur anfänglich — der (rechtlichen und tatsächlichen) Unmöglichkeit im Sinne der §§ 275 ff., 323 ff. BGB gleichsetzte[19]. Bereits in einem Urteil aus dem Jahre 1904 führte das Reichsgericht[20] aus: „Vielmehr ist im Sinne des § 279 a.a.O. die Leistung aus der Gattung nicht bloß dann unmöglich, wenn die ganze Gattung untergegangen, sondern auch dann, wenn die Beschaffung von Gegenständen der fraglichen Gattung eine so schwierige geworden ist, daß sie billigerweise niemandem zugemutet werden kann."

Allgemein wird die wirtschaftliche Unmöglichkeit darin gesehen, daß der Schuldner die Leistung nur durch unverhältnismäßig hohe, überobligationsmäßige Aufwendungen erbringen kann oder daß er infolge der Erfüllung in eine Notlage geraten ist[21]. Einen Fall der wirtschaftlichen Unmöglichkeit erblickte die Rechtsprechung folglich etwa dann, wenn die Erbringung der Leistung zur Existenzvernichtung oder Existenzgefährdung des Schuldners führen würde[22].

Später — seit dem erwähnten Urteil des Reichsgerichts aus dem Jahre 1922[23] — werden die Fälle der wirtschaftlichen Unmöglichkeit unter dem Gesichtspunkt des Wegfalls der Geschäftsgrundlage im Rahmen des § 242 BGB behandelt[24]. Bei Erörterung der Lehre vom Wegfall der Geschäftsgrundlage wurde schon darauf hingewiesen, daß in diesem Zusammenhang der Gedanke der (Un-)Zumutbarkeit herangezogen wird[25].

Der Bundesgerichtshof stellt dementsprechend ausdrücklich fest, daß es sich bei den Fragen, die der Begriff der wirtschaftlichen Unmöglich-

---

[18] Dazu etwa *Kegel*, Die Einwirkung des Krieges auf Verträge in der Rechtsprechung Deutschlands, Frankreichs und der Vereinigten Staaten von Amerika, Beiträge zum ausländischen und internationalen Privatrecht, Heft 17, Berlin 1941, S. 51, 71, 93 f. und *derselbe*, Geschäftsgrundlage (1953), S. 135, 150 f.

[19] Einen kurzen Überblick über die Entwicklung dieser Lehre geben in der Literatur etwa *Erman*, Handkommentar zum Bürgerlichen Gesetzbuch, 4. Aufl., 1. Bd., Münster 1967, Vorbem. 9 vor § 275 (S. 513 f.) und Vorbem. 12 vor § 275 (S. 522 f.); *Nastelski*, BGB-RGRK (1960), § 275, Anm. 18; *Soergel - Siebert - Knopp*, BGB (1967), § 242, Anm. 403; *Staudinger - Weber*, BGB (1961), § 242, Anm. B 43; in der Rechtsprechung z. B. BGH MDR 1953, S. 282, 283, Urt. v. 16. 1. 1953.

[20] RGZ Bd. 57, S. 116, 118, Urt. v. 23. 2. 1904.

[21] So *Soergel - Siebert - Knopp*, BGB (1967), § 242, Anm. 403.

[22] RGZ Bd. 102, S. 272, 273, Urt. v. 7. 6. 1921; aus der Literatur z. B. *Kegel*, Einwirkung des Krieges (1941), S. 98.

[23] RGZ Bd. 103, S. 328, 332 f., Urt. v. 3. 2. 1922.

[24] Zu dieser Entwicklung etwa *Kegel*, Geschäftsgrundlage (1953), S. 135, 152 und S. 157; *Nastelski*, BGB-RGRK (1960), § 275, Anm. 19; BGH MDR 1953, S. 282, 283, Urt. v. 16. 1. 1953; grundlegend für die Entwicklung *Oertmann*, Die Geschäftsgrundlage, Leipzig und Erlangen 1921.

[25] s. o. unter B. I. 1.

keit aufwerfe, in Wahrheit stets um das Problem der Unzumutbarkeit handele, das aus § 242 BGB gelöst werden müsse[26].

Der aufgezeigten Entwicklung trägt *H. Peters* anderenorts[27] Rechnung, wenn er für das Verwaltungsrecht ausführt, die Pflicht des einzelnen zu öffentlich-rechtlichen Leistungen finde ihre Grenze in der Zumutbarkeit nach Treu und Glauben.

II. Stellungnahmen zu einzelnen Pflichten

Die Stellungnahmen der Rechtsprechung und des Schrifttums zu einzelnen öffentlich-rechtlichen Pflichten, die durch die (Un-)Zumutbarkeit begrenzt werden, sind wesentlich zahlreicher als die vereinzelt gebliebenen allgemeinen Aussagen *Nebingers* und *H. Peters'* vermuten lassen. Der Gebrauch der (Un-)Zumutbarkeit als pflichtenbegrenzendes Merkmal läßt sich dabei auf vielen Teilgebieten des öffentlichen Rechts feststellen und im Zusammenhang mit den unterschiedlichsten Pflichten beobachten, ohne daß deshalb ein uneinheitliches Bild zu erkennen wäre. Vielgestaltig sind nur die Begründungen, die sich für die Beschränkung öffentlich-rechtlicher Pflichten durch die (Un-)Zumutbarkeit finden.

1. Begrenzung verwaltungsvertraglicher Pflichten

Die Rechtsform des verwaltungsrechtlichen (öffentlich-rechtlichen) Vertrages wird heute im allgemeinen anerkannt[28]. Gebilligt wird auch die Anwendung der clausula rebus sic stantibus auf derartige Verträge[29]. In Verbindung mit dem Klauselgedanken findet sich wiederum

---

[26] BGH MDR 1953, S. 282, 283, Urt. v. 16. 1. 1953; ähnlich BGH BB 1956, S. 254, Urt. v. 15. 12. 1955; zustimmend u. a. *Kegel*, Geschäftsgrundlage (1953), S. 135, 219 sowie *Soergel - Siebert - Knopp*, BGB (1967), § 242, Anm. 403.

[27] Verwaltung (1949), S. 164; ebenso schon *Hamburger*, Treu und Glauben im öffentlichen Recht, LZ 1931, S. 1438, 1445.

[28] z. B. von *Forsthoff*, Verwaltungsrecht (1966), S. 266; *Jellinek*, Verwaltungsrecht (1948), S. 253; *Nebinger*, Verwaltungsrecht (1949), S. 277; ablehnend insbesondere *O. Mayer*, Zur Lehre vom öffentlich-rechtlichen Vertrage, AöR Bd. 3 (1888), S. 3, 42; dagegen ist die Zulässigkeit des öffentlich-rechtlichen Vertrages im Einzelfall umstritten; dazu die Darstellung der zu dieser Frage vertretenen Ansichten bei *Stern*, Zur Grundlegung einer Lehre des öffentlich-rechtlichen Vertrages, VerwArch Bd. 49 (1958), S. 106, 113 - 121.

[29] u. a. von *Apelt*, Der verwaltungsrechtliche Vertrag, Leipzig 1920, S. 217 - 223, bes. S. 220 und S. 222; *derselbe*, Der verwaltungsrechtliche Vertrag, AöR Bd. 84 (1959), S. 249, 255; *Auffenberg*, clausula (1936), S. 38; *Beinhardt*, Der öffentlich-rechtliche Vertrag im deutschen und französischen Recht, VerwArch Bd. 55 (1964), S. 210, 258 f.; *Eckert*, Leistungsstörungen in verwaltungsrechtlichen Schuldverhältnissen, DVBl 1962, S. 11, 16; *Forsthoff*, Verwaltungsrecht (1966), S. 270; *Haueisen*, Verwaltung und Bürger, DVBl 1961,

das Merkmal der (Un-)Zumutbarkeit, das herangezogen wird, um die aus verwaltungsrechtlichen Verträgen entspringenden öffentlich-rechtlichen Pflichten, darunter die des Bürgers, zu begrenzen[30]. So meint *Salzwedel*[31], für die Lossagung vom verwaltungsrechtlichen Vertrag auf Grund der clausula rebus sic stantibus genüge, daß die eingetretenen Veränderungen für den davon nachteilig betroffenen Vertragspartner unzumutbar geworden seien.

Die Anwendung des Klauselprinzips auf öffentlich-rechtliche Verträge mag angesichts der Ablehnung im Zivilrecht[32] verwundern, doch gilt für die genannte Literatur — wie für die Rechtsprechung des Reichsgerichts[33] zum entsprechenden zivilrechtlichen Problem[34] — daß mit der Bezeichnung „clausula rebus sic stantibus" überwiegend nur die Frage der rechtlichen Beachtlichkeit veränderter Umstände umrissen, nicht aber das Klauselprinzip für öffentlich-rechtliche Verträge anerkannt werden soll[35].

Das zeigt sich darin, daß die erwähnte Literatur zwar von der clausula spricht, dieser größtenteils aber Rechtsfolgen zuerkennt, die die zivilrechtliche Literatur für den Wegfall der Geschäftsgrundlage ent-

---

S. 833, 837; *Imboden*, Der verwaltungsrechtliche Vertrag, Basler Studien zur Rechtswissenschaft, Heft 48, Basel 1958, S. 107 f.; *Salzwedel*, Die Grenzen der Zulässigkeit des öffentlich-rechtlichen Vertrages, Neue Kölner rechtswissenschaftliche Abhandlungen, Heft 11, Berlin 1958, S. 110, auch S. 111; *Simons*, Leistungsstörungen verwaltungsrechtlicher Schuldverhältnisse, Schriften zum Öffentlichen Recht, Bd. 45, Berlin 1967, S. 178 f. m. w. Nachw. aus Rechtsprechung (Fußn. 149) und Lehre (Fußn. 150); *Tober*, Geschäftsgrundlagen, BayVBl 1970, S. 357, 358; BVerwG DÖV 1956, S. 410, Beschl. v. 21. 1. 1956, DÖV 1962, S. 72, Urt. v. 25. 10. 1961, DVBl 1967, S. 619, 620, Urt. v. 25. 11. 1966 (dort als ständige Rechtsprechung bezeichnet).

[30] *Apelt*, Vertrag, AöR Bd. 84 (1959), S. 249, 255; *Eckert*, Leistungsstörungen, DVBl 1962, S. 11, 17; *Imboden*, Vertrag (1958), S. 107 f.; *Salzwedel*, Grenzen der Zulässigkeit (1958), S. 110; *Simons*, Leistungsstörungen (1967), S. 182; *Tober*, Geschäftsgrundlagen, BayVBl 1970, S. 357, 358; BVerwG DVBl 1967, S. 619, 620, Urt. v. 25. 11. 1966; daneben auch OVG Münster in der Vorinstanz, mitgeteilt vom BVerwG a.a.O. und § 46 S. 1 EVwVerfG 1963, der nach der im Musterentwurf eines Verwaltungsverfahrensgesetzes, 2. Aufl., Köln und Berlin 1968, S. 202 gegebenen Einzelbegründung auf dem Grundsatz der clausula rebus sic stantibus und dem Rechtsinstitut des Wegfalls der Geschäftsgrundlage beruhen soll.

[31] Grenzen der Zulässigkeit (1958), S. 110.

[32] s. o. unter B. I. 1.

[33] z. B. RGZ Bd. 102, S. 98, 102, Urt. v. 16. 4. 1921 und Bd. 164, S. 366, 369, Urt. v. 19. 9. 1940.

[34] Dazu *Kegel*, Geschäftsgrundlage (1953), S. 135, 152, Fußn. 8 und *derselbe*, Einwirkung des Krieges (1941), S. 98 f.; eine Ausnahme dürfte allerdings RGZ Bd. 100, S. 129, 130, Urt. v. 21. 9. 1920, sein, wo der Klage ausdrücklich „vom Standpunkt der sog. clausula rebus sic stantibus" stattgegeben wird; auch durch RGZ Bd. 100, S. 134, 136, Urt. v. 22. 10. 1920 bestätigt.

[35] In diesem Sinn auch *Tober*, Geschäftsgrundlagen, BayVBl 1970, S. 357, 358.

wickelt hat. Beispielsweise meinen *Beinhardt*[36], *Eckert*[37] sowie *Salzwedel*[38] und *Simons*[39], die Anwendung der clausula rebus sic stantibus bewirke, daß die verwaltungsvertraglichen Pflichten der neuen Tatsachenlage angepaßt werden[40] oder erlöschen müßten[41], zwei Rechtsfolgen, wie sie von der zivilrechtlichen Lehre für den Wegfall der Geschäftsgrundlage genannt werden[42]. Damit erweist sich, daß die öffentlich-rechtliche Literatur die clausula rebus sic stantibus im Sinne der zivilrechtlichen Lehre von der Geschäftsgrundlage versteht[43]. Dementsprechend wird denn auch in der Literatur des öffentlichen Rechts verschiedentlich vom Wegfall der Verwaltungs-[44] oder Geschäftsgrundlage[45] gesprochen und die Anerkennung dieses „Grundsatzes" auf die Anwendbarkeit des § 242 BGB im Verwaltungsrecht zurückgeführt[46].

Immerhin stehen der Ansicht, die unter Nennung des Klauselprinzips die Lehre von der Geschäftsgrundlage auf verwaltungsrechtliche Verträge anwendet, einige Äußerungen gegenüber, die als Billigung der clausula rebus sic stantibus für derartige Verträge verstanden werden können. *Apelt*[47], *Auffenberg*[48] und *Haueisen*[49] sprechen nämlich vom

---

[36] Vertrag, VerwArch Bd. 55 (1964), S. 210, 259.

[37] Leistungsstörungen, DVBl 1962, S. 11, 17.

[38] Grenzen der Zulässigkeit (1958), S. 111.

[39] Leistungsstörungen (1967), S. 186.

[40] Ebenso *Imboden*, Vertrag (1958), S. 108; BVerwG DVBl 1967, S. 619, 620, Urt. v. 25. 11. 1966; auch BVerwG DÖV 1962, S. 72, Urt. v. 25. 10. 1961 (Änderung des Vertrages).

[41] Ebenso *Imboden*, Vertrag (1958), S. 107 und BVerwG DVBl 1967, S. 619, 620, Urt. v. 25. 11. 1966; wohl auch BVerwG DÖV 1956, S. 410, Beschl. v. 21. 1. 1956, wenngleich es nur von der Aufhebung von Verträgen spricht.

[42] s. o. unter B. I. 1.

[43] So auch *Tober*, Geschäftsgrundlagen, BayVBl 1970, S. 357, 358; ferner BVerwG DVBl 1967, S. 619, 620, Urt. v. 25. 11. 1966, das an die Rechtsprechung des Reichsgerichts und des Bundesgerichtshofs zum Wegfall der Geschäftsgrundlage anknüpfen will und Musterentwurf eines Verwaltungsverfahrensgesetzes (1968), S. 202, der die clausula mit der Lehre von der Geschäftsgrundlage gleichsetzt.

[44] *Wolff*, Verwaltungsrecht I (1971), S. 315; auch *Simons*, Leistungsstörungen (1967), S. 178, 184, 185 f., der allerdings die Ausdrücke clausula rebus sic stantibus, Wegfall der Geschäftsgrundlage und Wegfall der Verwaltungsgrundlage terminologisch nicht auseinanderhält.

[45] *Simons*, Leistungsstörungen (1967), S. 178 f., 180, 183; *Tober*, Geschäftsgrundlagen, BayVBl 1970, S. 357; BVerwGE Bd. 17, S. 339, 341, Urt. v. 19. 12. 1963; OVG Münster KStZ 1958, S. 55, 56, Urt. v. 16. 10. 1957; OVG Hamburg VerwRspr Bd. 9 (1957), S. 155, 157, Urt. v. 26. 9. 1956.

[46] *Simons*, Leistungsstörungen (1967), S. 180; *Wolff*, Verwaltungsrecht I (1971), S. 315; erwähnt wird § 242 BGB ferner vom OVG Münster KStZ 1958, S. 55, 56, Urt. v. 16. 10. 1957; BVerwGE Bd. 17, S. 339, 341, Urt. v. 19. 12. 1963 und OVG Hamburg VerwRspr Bd. 9 (1957), S. 155, 157, Urt. v. 26. 9. 1956 sprechen vom Grundsatz von Treu und Glauben.

[47] Vertrag (1920), S. 222.

[48] Clausula (1936), S. 48.

[49] Verwaltung, DVBl 1961, S. 833, 837.

Rücktritt als alleiniger Rechtsfolge der clausula[50], mithin einer Rechtsfolge, die lediglich dem Klauselprinzip und nicht der Lehre von der Geschäftsgrundlage beigelegt wird[51].

Zusammenfassend kann festgestellt werden, daß sich die Literatur vereinzelt auf die clausula rebus sic stantibus beruft, überwiegend aber die auf § 242 BGB gestützte Lehre von der Geschäftsgrundlage heranzieht, um die Pflichten des Bürgers aus öffentlich-rechtlichen Verträgen durch die (Un-)Zumutbarkeit zu begrenzen.

2. Begrenzung der Polizeipflicht

In der Literatur findet sich das Merkmal der (Un-)Zumutbarkeit, um die polizeirechtliche Zustandshaftung — einen Unterfall der allgemeinen Polizeipflicht — zu beschränken, obwohl in den einschlägigen gesetzlichen Bestimmungen[52] dafür keinerlei Anhaltspunkte zu finden sind. Den Anstoß zu dieser Begrenzung gab nach dem zweiten Weltkrieg die Frage, ob Eigentümer von Ruinengrundstücken für den polizeiwidrigen Zustand — etwa wegen des drohenden Herabfallens von Trümmerteilen auf Passanten — polizeipflichtig sind oder nicht.

Grundlegend für die Begrenzung der Polizeipflicht durch die (Un-) Zumutbarkeit ist ein Beschluß des Oberverwaltungsgerichts Rheinland-Pfalz[53]. Das Gericht bejaht allgemein zwar die Zustandshaftung bei polizeiwidrigen Zuständen, die infolge des Krieges verursacht wurden, einschränkend meint es jedoch, eine Schranke der Zustandshaftung bestehe dort, wo vom Herangezogenen etwas tatsächlich oder rechtlich Unmögliches verlangt werde. Zur Unmöglichkeit gehöre auch die wirtschaftliche Unmöglichkeit, denn die Verwaltung wolle mit ihrer Maßnahme zu einem praktischen Ziel kommen. Eine wirtschaftliche Unmöglichkeit sei gegeben, wenn die von der Verwaltungsbehörde geforderte Leistung bei Berücksichtigung der wirtschaftlichen Leistungsfähigkeit des Betroffenen für diesen unzumutbar sei[54].

---

[50] Unklar *Forsthoff*, Verwaltungsrecht (1966), S. 270, der von der „Lösung" vom Vertrage spricht.

[51] s. o. unter B. I. 1.

[52] z. B. § 7 Polizeigesetz für Baden-Württemberg i. d. F. v. 16. 1. 1968 (bad-württ GBl, S. 61, berichtigt bad-württ GBl, S. 322); zuletzt geändert durch Gesetz v. 7. 4. 1970 (bad-württ GBl, S. 124); Art. 10 Gesetz über die Aufgaben und Befugnisse der Polizei in Bayern (Polizeiaufgabengesetz — PAG) i. d. F. v. 3. 4. 1963 (bay GVBl, S. 95, berichtigt S. 120), zuletzt geändert durch Gesetz v. 31. 7. 1970 (bay GVBl, S. 345); § 7 Gesetz über die öffentliche Sicherheit und Ordnung v. 21. 3. 1951 (nds GVBl, S. 79) i. d. F. des Gesetzes v. 23. 4. 1955 (nds GVBl Sb. I, S. 89).

[53] DÖV 1954, S. 216, Plenarbeschl. v. 13. 3. 1953.

[54] OVG Rheinland-Pfalz DÖV 1954, S. 216, 217 unter Bezugnahme auf *H. Peters*, Verwaltung (1949), S. 158; zustimmend *Reiff*, Polizeigesetz für Baden-Württemberg, Stuttgart usw. 1956, § 7, Anm. II 3 b; BGHZ Bd. 16,

Zusätzlich zu dieser Begründung, die erkennbar auf die zivilrechtliche Lehre von der wirtschaftlichen Unmöglichkeit zurückgreift[55], leitet das Oberverwaltungsgericht das gleiche Ergebnis aus dem Grundsatz von Treu und Glauben ab. Die Pflicht zu öffentlich-rechtlichen Leistungen, heißt es, finde ihre Grenze in der Zumutbarkeit nach Treu und Glauben[56].

Für die danach zu entscheidende Frage, ob dem Eigentümer die Beseitigung des polizeiwidrigen Zustandes zugemutet werden kann, kommt es nach Ansicht des Gerichts darauf an, daß die dem Pflichtigen entstehenden Kosten in einem angemessenen Verhältnis zu seiner gesamten wirtschaftlichen Leistungsfähigkeit, also seinen Einkommens- und Vermögensverhältnissen, stehen. Durch die Inanspruchnahme dürfe keinesfalls die Existenz des Pflichtigen vernichtet oder wesentlich gefährdet werden. Die Aufgabe oder die Belastung von Vermögensbestandteilen könne im Einzelfall unzumutbar sein[57].

Auch hier kommt das Oberverwaltungsgericht Rheinland-Pfalz zu Erkenntnissen, die sich im Bereich des Zivilrechts schon früher ausgebildet hatten. Wie nämlich bereits erwähnt wurde[58], erblickte die zivilrechtliche Rechtsprechung besonders in der Existenzvernichtung und -gefährdung einen Fall der wirtschaftlichen Unmöglichkeit.

3. Begrenzung der straßenrechtlichen Reinigungspflicht

Den Anliegern wird durch die Gemeinden auf Grund der Straßengesetze der Länder[59] vielfach die Reinigung der Straßen übertragen.

S. 12, 15, Urt. v. 15. 12. 1954 und BVerwGE Bd. 10, S. 282, 283, Urt. v. 9. 5. 1960; bereits früher VG Trier HW 1950, S. 251, Urt. v. 20. 2. 1950; im Ergebnis ebenso etwa *Friauf*, Polizei- und Ordnungsrecht, in: Besonderes Verwaltungsrecht (Herausgeber v. Münch), 2. Aufl., Bad Homburg usw. 1970, S. 139, 173; *Huber*, Wirtschaftsverwaltungsrecht, 2. Aufl., 2. Bd., Tübingen 1954, S. 88; *Schneider*, Anmerkung zum Urteil des Badischen Verwaltungsgerichtshofs vom 16. 9. 1952 (JZ 1953, S. 238), JZ 1953, S. 240 f.; VGH Freiburg JZ 1953, S. 238, 239 f., Urt. v. 16. 9. 1952; widersprüchlich *Reiff - Wöhrle*, Kommentar zum Polizeigesetz für Baden-Württemberg, 2. Aufl., Stuttgart 1971, § 7, Anm. 8 i. V. m. § 6, Anm. 7; ablehnend z. B. *Drews - Wacke*, Allgemeines Polizeirecht, 7. Aufl., Berlin usw. 1961, S. 234; *Dundalek*, Ruineneigentümer und Polizeipflicht, DöD 1951, S. 142, 144; OVG Berlin DÖD 1954, S. 214, 215, Urt. v. 4. 3. 1953 und OVG Münster MDR 1955, S. 762, 763, Bescheid v. 8. 3. 1955.

[55] s. o. unter B. I. 2.

[56] OVG Rheinland-Pfalz DÖV 1954, S. 216, 217.

[57] OVG Rheinland-Pfalz DÖV 1954, S. 216, 217.

[58] s. o. unter B. I. 2.

[59] z. B. § 43 Abs. 2 Straßengesetz für Baden-Württemberg v. 20. 3. 1964 (bad-württ GBl, S. 127, berichtigt bad-württ GBl 1965, S. 78); § 52 Abs. 4 S. 1 Niedersächsisches Straßengesetz (NStrG) v. 14. 12. 1962 (nds GVBl, S. 251); § 45 Straßen- und Wegegesetz des Landes Schleswig-Holstein v. 22. 6. 1962 (schl-holst GVBl, S. 237).

Wie bei der zuvor erörterten Polizeipflicht geht es auch bei der öffentlich-rechtlichen Reinigungspflicht darum, ob die (Un-)Zumutbarkeit ihr eine Schranke setzt.

Ein positivrechtlicher Hinweis läßt sich dafür seit Ende 1962 lediglich § 52 Abs. 4 S. 2 NStrG[60] entnehmen, der eine Übertragung der Reinigungspflichten auf die Anlieger wegen Unzumutbarkeit ausschließt, allerdings nur für den Fall, daß den Anliegern die Reinigungspflichten gerade wegen der Verkehrsverhältnisse nicht zuzumuten sind.

Ungeachtet der somit fehlenden allgemeinen positivrechtlichen Stütze in den landesrechtlichen Vorschriften wird von großen Teilen der Rechtsprechung[61] und des Schrifttums[62] eine Begrenzung der öffentlich-rechtlichen Reinigungspflicht durch die (Un-)Zumutbarkeit bejaht. Zur Begründung wird erneut teilweise die Lehre von der wirtschaftlichen Unmöglichkeit herangezogen.

Das für diese Ansicht grundlegende Urteil des Oberverwaltungsgerichts Lüneburg[63], das zu einer Zeit erging, als das Niedersächsische Straßengesetz die (Un-)Zumutbarkeit als Grenze der Reinigungspflicht noch nicht kannte, befaßte sich mit einer Heranziehungsverfügung zur Schneeräumung für die Ortsdurchfahrt einer Bundesstraße. Diese Verfügung, meint das Gericht, sei insoweit rechtswidrig, als sie sich auf die Fahrbahn erstrecke, weil die Forderung der Gemeinde die Leistungsfähigkeit der Klägerin überschreite.

Unter Berufung auf *Enneccerus - Lehmann*[64] führt es aus, eine Leistungsunfähigkeit liege vor, wenn die Erfüllung der Verpflichtung mit unverhältnismäßigen Schwierigkeiten verbunden und deshalb unzumutbar sei. Diese Auffassung, die für das bürgerliche Recht aus § 242 BGB entwickelt worden sei, enthalte einen allgemeinen Rechtsgedanken. Auch im öffentlichen Recht gelte der Grundsatz, daß die Erfüllung einer Verpflichtung dann nicht mehr verlangt werden könne, wenn der Verpflichtete dadurch zu Opfern genötigt werde, die über die seiner

[60] Ähnlich auch § 45 Abs. 3 schl-holst StrWG.

[61] OVG Lüneburg DVBl 1962, S. 421, Urt. v. 22. 3. 1962; Bay ObLG BayVBl 1963, S. 92, Urt. v. 6. 12. 1962; BayVerfGH DÖV 1965, S. 820, Entsch. v. 13. 4. 1964; ferner BayVGH BayBgm 1965, S. 251, Urt. v. 23. 6. 1965 und BayVerfGHE Bd. 20, S. 73, 77, Entsch. v. 21. 4. 1967.

[62] *Kodal*, Straßenrecht, 2. Aufl., München und Berlin 1964, S. 544 unter d); *Prandl - Gillessen*, Bayerisches Straßen- und Wegegesetz (BayStrWG), 2. Aufl., München 1970, Art. 51, Anm. 4 a), S. 139; *Rzepka*, Bayerisches Straßen- und Wegerecht, Köln usw. 1968, Art. 51, Anm. III 2 b; *Siegel*, Kommentar zum Straßen- und Wegegesetz des Landes Schleswig-Holstein, Wiesbaden 1964, § 45, Anm. 10; ebenso die bayerische Vollzugsentschließung vom 25. 9. 1969 zu Art. 51 III Nr. 3 a), abgedruckt bei *Prandl - Gillessen*, S. 135.

[63] DVBl 1962, S. 421, Urt. v. 22. 3. 1962.

[64] Recht der Schuldverhältnisse, 15. Bearbeitung, Tübingen 1958, S. 129, die sich a.a.O. mit Verträgen über unmögliche Leistungen befassen.

Verpflichtung nach ihrem Sinne innewohnende Belastungsgrenze hinausginge. Dieser Grundsatz müsse selbst dann berücksichtigt werden, wenn das Ortsstatut keine ausdrückliche Regelung der Folgen einer Leistungsunfähigkeit enthalte[65].

Das Oberverwaltungsgericht stellt somit entscheidend darauf ab, ob die Reinigungspflicht den Anliegern zumutbar ist oder nicht. Für den geschilderten Fall kommt es zu dem Ergebnis, daß wegen des lebhaften Verkehrs auf der Bundesstraße und den damit verbundenen Gefahren die Unzumutbarkeit zu bejahen sei, so daß eine Reinigungspflicht bezüglich der Fahrbahn nicht bestehe[66].

Eine andere, dieses Mal öffentlich-rechtliche Begründung für das gleiche Ergebnis gibt eine Entscheidung des Bayerischen Verfassungsgerichtshofs[67]. Unter Hinweis auf das Verbot des Übermaßes und den „Grundsatz der Zumutbarkeit" meint das Gericht, Leistungen dürften von den Gemeinden und Landkreisen den Bürgern nur insoweit auferlegt werden, als sie zumutbar seien. Zwar sei eine derartige Beschränkung in der entsprechenden Verordnung nicht enthalten, doch müsse sie im Wege der gesetzeskonformen Auslegung in sie eingeführt werden. Die Verordnung sei daher so zu lesen, daß sie Leistungspflichten, die über die Grenze der Zumutbarkeit hinausgingen, nicht habe begründen wollen[68].

Ähnlich meint das Bayerische Oberste Landesgericht[69], der gemeindliche Verordnungsgeber sei an den Grundsatz der Zumutbarkeit gebunden. Daraus folgert es, eine Pflicht zur Straßenreinigung bestehe dann nicht für die Straßenanlieger, wenn und soweit die Reinigung nur unter erheblicher Gefahr für Leib oder Leben vorgenommen werden könne. Ein derartiges Verlangen sei unzumutbar[70].

Für unzumutbar wird die Erfüllung der Reinigungspflicht schließlich dann gehalten, wenn ihr Umfang zu finanziellen Belastungen führe, die den Anliegern billigerweise nicht auferlegt werden dürften[71]. Ähnliche Aussagen fanden sich bereits im Zusammenhang mit der Begrenzung der Polizeipflicht[72].

---

[65] OVG Lüneburg DVBl 1962, S. 421, Urt. v. 22. 3. 1962.

[66] OVG Lüneburg DVBl 1962, S. 421, 422, Urt. v. 22. 3. 1962.

[67] DÖV 1965, S. 820, Entsch. v. 13. 4. 1964.

[68] BayVerfGH DÖV 1965, S. 820, 821.

[69] BayVBl 1963, S. 92, 93, Urt. v. 6. 12. 1962; zustimmend *Rzepka*, Straßenrecht (1968), Art. 51 BayStrWG, Anm. III 2 b.

[70] Ebenso für die Reinigungspflicht verkehrsreicher Straßen BayVGH BayBgm 1965, S. 251, Urt. v. 23. 6. 1965, es sei denn, der Anlieger habe die Möglichkeit, sich zur Erfüllung der ihm auferlegten Reinigungspflicht einer privaten oder öffentlichen Einrichtung zu bedienen; so auch BayVGH BayVBl 1966, S. 209, 210, Urt. v. 31. 3. 1966.

[71] BayVerfGHE Bd. 20, S. 73, 77, Entsch. v. 21. 4. 1967.

[72] s. o. unter B. II. 2.

4. Begrenzung beamtenrechtlicher Pflichten, insbesondere der Gehorsamspflicht

Die beamtenrechtliche Gehorsamspflicht ergibt sich zwar nicht ausdrücklich aus den Beamtengesetzen des Bundes und der Länder, sie wird aber aus der Formulierung des § 55 S. 2 BBG[73] und der entsprechenden Ländervorschriften entnommen[74], wonach der Beamte verpflichtet ist, die von den Vorgesetzten erlassenen Anordnungen auszuführen und ihre allgemeinen Richtlinien zu befolgen.

Das Merkmal der (Un-)Zumutbarkeit ist all diesen Bestimmungen fremd. Dennoch stellte bereits im älteren Schrifttum *W. Jellinek* die Zumutbarkeit als Grenze der Gehorsamspflicht deutlich heraus[75]. Er meinte, aus diesem Grunde dürften die Kräfte des Beamten nicht bis zur Erschöpfung angespannt werden; auch könne sich deshalb der Beamte eine seiner Vorbildung unwürdige Arbeit verbitten[76].

Den Ausführungen *Jellineks* entsprechend heißt es bei *Behnke*[77], eine unzumutbare Arbeitsleistung dürfe von Beamten nicht gefordert werden[78]. *Fischbach*[79] — der ebenfalls die „Zumutbarkeit der zu erbringenden Leistung", beispielsweise bei Überstunden, berücksichtigen will — begründet dies mit einem Hinweis auf die Fürsorgepflicht des Dienstherrn (§ 79 BBG) und § 242 BGB.

Auf Treu und Glauben bezieht sich auch *Stein*[80], wenn er in Anlehnung an die arbeitsrechtliche Literatur[81] hervorhebt, einem Beamten könnten nur solche Tätigkeiten zugewiesen werden, die von ihm in dieser Stellung verlangt zu werden pflegten und ihm unter Berücksichtigung aller Umstände nach Treu und Glauben zumutbar seien. Im Ergebnis ähnlich meint *Ebert*[82], gegenüber geschäftsverteilenden An-

---

[73] Bundesbeamtengesetz (BBG) i. d. F. v. 17. 7. 1971 (BGBl I, S. 1181), zuletzt geändert durch Gesetz v. 22. 12. 1971 (BGBl I, S. 2080).

[74] So u. a. von *Bochalli*, Bundesbeamtengesetz, 2. Aufl., München und Berlin 1958, § 55, Anm. 2 und *Fischbach*, Bundesbeamtengesetz, 1. Halbband, 3. Aufl., Köln usw. 1964, § 55, Anm. 2.

[75] Verwaltungsrecht (1948), S. 372, auch S. 293.

[76] *Jellinek*, Verwaltungsrecht (1948), S. 372.

[77] Bundesdisziplinarordnung, 2. Aufl., Stuttgart usw. 1970, Einf., Rdnr. 107, S. 102.

[78] Ebenso *Claussen - Janzen*, Bundesdisziplinarordnung, 2. Aufl., Köln usw. 1970, Einl. C 13, S. 40.

[79] Bundesbeamtengesetz (1964), § 56 Anm. V 2, S. 433.

[80] Die Grenzen des dienstlichen Weisungsrechts, in: Recht und Staat, Hefte 313/314, Tübingen 1965, S. 28 f.

[81] z. B. *Nikisch*, Das Direktionsrecht des Arbeitgebers und seine Grenzen, BB 1950, S. 538, 539 und derselbe, Arbeitsrecht, I. Band, Allgemeine Lehren und Arbeitsvertragsrecht, 3. Aufl., Tübingen 1961, S. 285 m. w. Nachw. in Fußn. 8.

[82] Das Recht des öffentlichen Dienstes, Berlin 1965, D III 11, S. 90.

ordnungen und organisatorischen Veränderungen bestehe eine Gehorsamspflicht dann nicht, wenn dem Beamten die neue Amtsstelle nicht zugemutet werden könne.

Ebenso findet sich die (Un-)Zumutbarkeit als pflichtenbegrenzendes Merkmal in mehreren Entscheidungen des Bundesdisziplinarhofs. In einem Urteil aus dem Jahre 1955 befaßte sich das Gericht mit der Aufforderung an einen lebenszeitlichen Bahnbeamten (Bahnbetriebswart), nach dem Krieg als Arbeiter in einer Rotte bei einer Bahnmeisterei oder einem Bahnbetriebswerk zu arbeiten[83] und kam zu dem Ergebnis, daß es sich dabei um eine „dem deutschen Beamtenrecht widerstreitende Zumutung einer unterwertigen Tätigkeit" handele[84].

Demgegenüber soll es nach Ansicht des Disziplinarhofs einem Postbeamten des gehobenen technischen Dienstes zumutbar sein, kurzfristig unterwertige, vom regelmäßigen Aufgabenbereich abweichende Arbeit zu leisten, im entschiedenen Fall das Sortieren der Weihnachtspost[85]. Desgleichen sei es einem Beamten zumutbar, nach einer Katastrophe, etwa dem Brand des Dienstgebäudes, vorübergehend mit Aufräumungsarbeiten beschäftigt zu werden[86].

Aus der Treue- und Gehorsamspflicht[87] oder aus einer aus § 54 S. 1 BBG abgeleiteten Lebensführungspflicht[88] wird gefolgert, daß der Beamte seinem Dienstherrn seine volle Arbeitskraft zu erhalten und eine beschränkte oder verlorene Arbeitskraft bestmöglich wiederherzustellen habe[89]. In Erfüllung dieser Pflicht habe sich der Beamte zur Wiederherstellung seiner Gesundheit ärztlich untersuchen und behandeln, notfalls operieren zu lassen[90].

Diese Pflicht soll wiederum nur bis zur Grenze des Zumutbaren reichen[91]. Folglich wird eine Pflicht des Beamten, sich operieren zu lassen, nur dann angenommen, wenn die Operation zumutbar ist[92]. Zuzumuten

---

[83] BDHE Bd. 2, S. 164, Urt. v. 29. 6. 1955.

[84] BDHE Bd. 2, S. 164, 167.

[85] BDHE Bd. 6, S. 92, 93 f., Beschl. v. 15. 5. 1962; zustimmend *Behnke*, BDO (1970), Einf. Rdnr. 107, S. 102; *Claussen - Janzen*, BDO (1970), Einl. C 13, S. 40.

[86] BDHE Bd. 7, S. 88, 89 f., Urt. v. 24. 3. 1966.

[87] So BDHE Bd. 5, S. 39, 41, Urt. v. 2. 6. 1959.

[88] So *Claussen - Janzen*, BDO (1970), Einl. C 15.

[89] Im Ergebnis ebenso *Plog - Wiedow*, Kommentar zum Bundesbeamtengesetz, Stand: Ergänzungslieferung Nr. 55, Neuwied 1967, § 42, Anm. 1.

[90] So BDHE Bd. 5, S. 39, 41, Urt. v. 2. 6. 1959; für den Sonderfall der Verletzung des Beamten durch einen Dienstunfall enthält § 137 Abs. 2 und 3 BBG ausdrückliche Regelungen.

[91] *Claussen - Janzen*, BDO (1970), Einl. C 15.

[92] *Lindgen*, Handbuch des Disziplinarrechts, 1. Band, Allgemeine Lehren, Materielles Disziplinarrecht, Berlin 1966, § 55 L, S. 697; *Plog - Wiedow*, Bundesbeamtengesetz (1967), § 42, Anm. 1; *Weimar*, Wann und inwieweit muß sich ein Beamter einer Operation unterziehen? DöD 1964, S. 47, 48; BDHE Bd. 5, S. 39, 41, Urt. v. 2. 6. 1959.

sei dem Beamten die Operation, wenn sie einfach und gefahrlos und nicht mit besonderen Schmerzen verbunden sei sowie die sichere Aussicht auf Heilung oder wesentliche Besserung bestehe[93]. Als zumutbar wird beispielsweise die Entfernung leichter Knochensplitter, als unzumutbar eine schwierige Magenoperation angesehen[94].

All diese Stellungnahmen machen deutlich, daß Rechtsprechung und Schrifttum auch im Beamtenrecht auf die (Un-)Zumutbarkeit zurückgreifen, um öffentlich-rechtlichen Pflichten eine Schranke zu setzen. Soweit diese Ansicht begründet wird, werden § 242 BGB und Treu und Glauben genannt.

5. Begrenzung der soldatenrechtlichen Gehorsamspflicht und der Wehrpflicht

Wie für die eben behandelte beamtenrechtliche Gehorsamspflicht ist für die entsprechende soldatenrechtliche Pflicht nach § 11 Abs. 1 S. 1 SoldG[95] überwiegend anerkannt, daß sie entfällt, wenn die Befolgung des Befehls für den Soldaten unzumutbar ist[96]. Hierzu führt das Reichskriegsgericht in einer grundlegenden Entscheidung aus, die Pflicht zum Gehorsam entfalle für den Untergebenen dann, wenn ein Befehl eines Vorgesetzten so tief in das Rechtsgebiet des Untergebenen, in seine Ehre, sein Ansehen, seine militärische Stellung, seine Gesundheit, sein Leben, sein wirtschaftliches Dasein und so weiter eingreife, daß dem Untergebenen bei Abwägung aller Gesichtspunkte nicht zugemutet werden könne, den Befehl zu befolgen[97].

---

[93] So *Lindgen*, Handbuch (1966), § 55 L, S. 697 und *Plog - Wiedow*, Bundesbeamtengesetz (1967), § 42, Anm. 1 unter Hinweis auf BGHZ Bd. 10, S. 18, 19, Urt. v. 13. 5. 1953, das sich mit der entsprechenden zivilrechtlichen Pflicht eines Automonteurs befaßt, sich zur Wiederherstellung seiner Arbeitsfähigkeit operieren zu lassen.

[94] *Lindgen*, Handbuch (1966), § 55 L, S. 697; *Weimar*, Operation, DöD 1964, S. 47, 48 mit weiteren Beispielen.

[95] Gesetz über die Rechtsstellung der Soldaten (Soldatengesetz) i. d. F. v. 22. 4. 1969 (BGBl I, S. 314, berichtigt S. 429), zuletzt geändert durch Gesetz v. 21. 12. 1970 (BGBl I, S. 1778).

[96] *Dreher - Lackner - Schwalm*, Wehrstrafgesetz, München und Berlin 1958, § 2, Anm. 32; *Flor*, Der Wehrdienst in der Konfliktsituation, NJW 1957, S. 243, 245; *Rittau*, Soldatengesetz, München und Berlin 1957, § 11, Anm. 1 II, S. 113; *Scherer*, Soldatengesetz, 3. Aufl., Berlin und Frankfurt a. M. 1968, § 11, Anm. II 2; einschränkend *Risken*, Grenzen amtlicher und dienstlicher Weisungen im öffentlichen Recht, Schriften zum Öffentlichen Recht, Band 87, Berlin 1969, S. 175; ablehnend u. a. *Schnorr*, Handeln auf Befehl, JuS 1963, S. 293, 299 und *Schwinge*, Militärstrafgesetzbuch, 6. Aufl., Berlin 1944, § 92, Anm. II 2 b; in der Rechtsprechung zustimmend RKGE Bd. 1, S. 177, 180, Urt. v. 11. 8. 1938; einen Überblick gibt BDH NJW 1958, S. 1463, 1464; zustimmend auch die Begründung zu dem Entwurfe eines Soldatengesetzes, Bundesrats-Drucksache Nr. 211/1955, S. 15.

[97] RKGE Bd. 1, S. 177, 180, Urt. v. 11. 8. 1938.

Neuerdings findet sich die (Un-)Zumutbarkeit als pflichtenbegrenzendes Merkmal in einem Urteil des Bundesverwaltungsgerichts[98], das sich mit dem Umfang der in der Wehrpflicht enthaltenen Pflicht nach § 3 Abs. 1 S. 2 WPflG[99] beschäftigt, Bekleidungs- und Ausrüstungsstücke zu übernehmen und aufzubewahren. Das Gericht stellt zunächst fest, daß diese Pflicht nach dem Wortlaut des § 3 Abs. 1 S. 2 WPflG weder hinsichtlich ihres zeitlichen und sachlichen Umfanges eingeschränkt noch hinsichtlich ihres Inhalts näher bestimmt sei. Es fehlten auch Ausnahme- oder Härteregelungen[100].

Gleichwohl — heißt es in der Entscheidung — sei die Übernahme und Aufbewahrungspflicht nicht unbegrenzt, sondern durch den Grundsatz der Verhältnismäßigkeit sowie das Übermaßverbot beschränkt[101]. Daraus ergebe sich für den Gesetzgeber die Forderung, in die Handlungsfreiheit des einzelnen nur einzugreifen, soweit dies mit Rücksicht auf den Gesetzeszweck erforderlich sei und für den Betroffenen nicht die Grenzen der Zumutbarkeit überschreite[102]. Angesichts dieser verfassungsrechtlichen Schranken verbiete es sich, aus dem Fehlen einer ausdrücklichen tatbestandlichen Einschränkung der Übernahme- und Aufbewahrungspflicht den Schluß zu ziehen, das Gesetz wolle ohne Rücksicht auf entgegenstehende persönliche Verhältnisse des Pflichtigen eine Pflichtenbegrenzung schlechterdings ausschließen[103].

Für § 3 Abs. 1 S. 2 WPflG bedeute diese Erkenntnis, daß die darin festgelegte Übernahme- und Aufbewahrungspflicht entfalle, sofern die Aufbewahrung unzumutbar sei[104]. Maßgebend komme es deshalb darauf an, ob dem Kläger die Unterbringung der Ausrüstung in seinem rund 10 qm großen Zimmer zugemutet werden könne. Unzumutbar sei die Unterbringung der Ausrüstung dann, wenn sie in dem einzigen Wohnraum des Wehrpflichtigen zu einer wesentlichen Beeinträchtigung seiner Wohnverhältnisse führe. In dem entschiedenen Fall kommt das Bundesverwaltungsgericht zu dem Ergebnis, daß dem Kläger die Aufbewahrung der Ausrüstung unzumutbar sei; folglich verneint es dessen Übernahme- und Aufbewahrungspflicht[105].

---

[98] BVerwGE Bd. 38, S. 68, Urt. v. 22. 4. 1971.

[99] Wehrpflichtgesetz i. d. F. v. 28. 9. 1969 (BGBl I, S. 1773, berichtigt S. 2043), geändert durch Gesetz v. 22. 12. 1971 (BGBl I, S. 2084).

[100] BVerwGE Bd. 38, S. 68, 69.

[101] BVerwGE Bd. 38, S. 68, 69 f.

[102] BVerwGE Bd. 38, S. 68, 71.

[103] BVerwGE Bd. 38, S. 68, 71.

[104] BVerwGE Bd. 38, S. 68 (Leitsatz) und S. 73, auch S. 75.

[105] BVerwGE Bd. 38, S. 68, 75.

6. Begrenzung der steuerrechtlichen Auskunftspflicht

Gemäß § 170 Abs. 1 S. 2 AO[106] hat der Steuerpflichtige dem Finanzamt wahrheitsgemäß nach bestem Wissen und Gewissen Auskunft zu geben; § 175 Abs. 1 S. 2 AO begründet dieselbe Auskunftspflicht für Dritte, die nicht als Steuerpflichtige beteiligt sind. Die Erfüllung dieser Pflichten soll es dem Finanzamt ermöglichen, den Sachverhalt aufzuklären[107], wozu es nach §§ 204, 205 AO gehalten ist.

Übereinstimmend wird im Schrifttum[108] und in der Rechtsprechung[109] die (Un-)Zumutbarkeit als Grenze der Auskunftspflicht des Steuerpflichtigen und Dritter nach § 170 Abs. 1 S. 2 AO und § 175 Abs. 1 S. 2 AO angesehen, obwohl die genannten Bestimmungen dieses Merkmal nicht verwenden. Der Bereich des Zumutbaren soll dabei unter Beachtung aller Umstände des einzelnen Falles nach den Grundsätzen von Treu und Glauben ermittelt werden[110].

Für unzumutbar wird es beispielsweise gehalten, durch eine Auskunft seine wirtschaftliche Existenz zu gefährden[111] oder sich beziehungsweise

---

[106] Reichsabgabenordnung v. 22. 5. 1931 (RGBl I, S. 161), zuletzt geändert durch Gesetz v. 30. 8. 1971 (BGBl I, S. 1426).

[107] *Tipke - Kruse*, Reichsabgabenordnung, 2. - 5. Aufl., Köln - Marienburg 1965/72, § 170, Anm. 1.

[108] *Becker - Riewald - Koch*, Reichsabgabenordnung, 9. Aufl., Band II, Köln usw. 1965, § 171, Anm. 1 (4) und 2 (4) sowie § 175, Anm. 3 (5); *Dorn*, Umfang und Grenzen der Auskunftspflicht gegenüber dem Finanzamt, DStR 1952, S. 316, 317; *Felix*, Anmerkung zum Urteil des Bundesfinanzhofs v. 24. 11. 1954 (BStBl 1955, Teil III, S. 30), BB 1955, S. 118; *Hensel*, Steuerrecht, 3. Aufl., Berlin 1933, S. 156, Fußn. 5; *Hörstmann*, Die Aufklärungspflicht des Finanzamts und die Mitwirkungspflicht des Steuerpflichtigen, StbJb 1964/65, S. 323, 326 und 328; *Kühn - Kutter*, Abgabenordnung, 10. Aufl., Stuttgart 1970, § 170, Anm. 2 und § 175, Anm. 4; *Oswald*, Zum Problem der Zumutbarkeit im Steuerrecht, in: Blattei-Handbuch Rechts- und Wirtschaftspraxis, 14 D, Steuerrecht, Abgabenordnung, Abteilung II B 13, Einzelfragen (ab 1964), Zumutbarkeit, S. 73; *Sporbeck*, Neue Tatsachen im Steuerrecht, München 1970, S. 41, auch S. 42; *Spitaler - Paulick*, in: Hübschmann - Hepp - Spitaler, Kommentar zur Reichsabgabenordnung, 1. - 5. Aufl., Köln 1951/68, § 175, Anm. 6, auch Anm. 10 b und Vorbem. 16 b vor § 160; *Steinberg*, Das Problem der Zumutbarkeit im Steuerrecht, BB 1968, S. 433, 437 und 438; *Tipke - Kruse*, AO (1965/72), § 170, Anm. 5, § 175, Anm. 6; *Westerhoff*, Unklare Rechtsgestaltungen in ihrer Bedeutung für das Steuerrecht, Schriftenreihe des Instituts für Steuerrecht der Universität zu Köln, Band 8, Düsseldorf 1959, S. 13 f.

[109] BFH BStBl 1952, Teil III, S. 27, 30, Urt. v. 22. 11. 1951 und BStBl 1956, Teil III, S. 75, 76, Urt. v. 7. 12. 1955; BFHE Bd. 68, S. 611, 612, Urt. v. 7. 4. 1959 und Bd. 75, S. 443, 445, Urt. v. 13. 7. 1962; auch schon RFHE Bd. 11, S. 62, 64, Urt. v. 22. 11. 1922.

[110] So BFH BStBl 1956, Teil III, S. 75, 76, Urt. v. 7. 12. 1955, BStBl 1958, Teil III, S. 136, 137, Urt. v. 18. 12. 1957, BStBl 1959, Teil III, S. 233, Urt. v. 7. 4. 1959, BStBl 1960, Teil III, S. 26, 28, Urt. v. 29. 10. 1959, BStBl 1962, Teil III, S. 522, 523, Urt. v. 12. 7. 1962; ferner *Sporbeck*, Steuerrecht (1970), S. 41.

[111] *Tipke*, Steuerliche Betriebsprüfung im Rechtsstaat, Steuerrecht im Rechtsstaat, Heft 6, München 1968, S. 100; ähnlich *Felix*, Anmerkung, BB 1955, S. 118; dahingestellt von BFH BStBl, Teil III, S. 30, 31, Urt. v. 24. 11. 1954.

nahe Angehörige einer strafrechtlichen Verfolgung auszusetzen[112]. Dagegen wird etwa das Verlangen, den Verbleib früher vorhandenen Vermögens zu beweisen, als zumutbar betrachtet[113], desgleichen die Nennung des Namens eines Darlehensgebers, auch wenn der Steuerpflichtige dem Darlehensgeber versprochen haben will, dessen Namen geheimzuhalten[114].

Begründungen, warum die (Un-)Zumutbarkeit die Auskunftspflicht nach § 170 Abs. 1 S. 2 AO und § 175 Abs. 1 S. 2 AO begrenzen soll, finden sich nur vereinzelt. *Westerhoff*[115] weist in diesem Zusammenhang auf den Grundsatz von Treu und Glauben hin, der auch das Besteuerungsverfahren beherrsche und *Steinberg*[116] leitet die Frage nach der Zumutbarkeit aus dem „Gebot der Verhältnismäßigkeit des Mittels" sowie aus dem „Verfassungsgrundsatz der Rechtsstaatlichkeit" ab[117].

7. Begrenzung der ausländerrechtlichen Ausreisepflicht

Für einen Ausländer besteht nach § 12 Abs. 1 S. 2 AuslG[118] die Pflicht, die Bundesrepublik und Westberlin unverzüglich zu verlassen, sofern er gemäß § 10 AuslG ausgewiesen worden ist. Eine Ausweisung kann nach dieser Vorschrift unter anderem erfolgen, wenn der Ausländer wegen eines Verbrechens oder Vergehens verurteilt worden ist (§ 10 Abs. 1 Nr. 2 AuslG).

Teilweise stellt man bei der Ausreisepflicht darauf ab, ob es dem Ausländer zuzumuten ist, in sein Herkunftsland zurückzukehren[119]. Das wird etwa für den Fall bejaht, daß der Ausländer in seinem Heimatstaat einmal bestraft worden ist, selbst wenn er die Bestrafung nicht

---

[112] *Paulick*, Die Auskunftspflicht der steuerpflichtigen und dritter Personen im Steuerermittlungs-, Steueraufsichts- und Steuerstrafverfahren und ihre rechtsstaatlichen Grenzen, in: Festschrift für Spitaler, Köln 1958, S. 53, 70 f.; *Steinberg*, Zumutbarkeit, BB 1968, S. 433, 437.

[113] z. B. *Spitaler - Paulick*, in: Hübschmann - Hepp - Spitaler, AO (1951/68) § 171, Anm. 8 b.

[114] BFH BStBl 1960, Teil III, S. 26, 28, Urt. v. 29. 10. 1959; zustimmend u. a. *Spitaler - Paulick*, in: Hübschmann - Hepp - Spitaler, AO (1951/68), § 171, Anm. 8 b und *Tipke - Kruse*, AO (1965/72), § 170, Anm. 5, S. 553.

[115] Rechtsgestaltungen (1959), S. 13 f.

[116] Zumutbarkeit, BB 1968, S. 433, 436.

[117] Die Verbindung des Rechtsstaatsgedankens mit der Frage der Zumutbarkeit betont auch *Oswald*, Zumutbarkeit (1964), S. 73; ebenso wohl *Spitaler*, Der maßvolle Gesetzesvollzug im Steuerrecht, StbJb 1961/62, S. 461, 474.

[118] Ausländergesetz v. 28. 4. 1965 (BGBl I, S. 353), zuletzt geändert durch Gesetz v. 23. 6. 1970 (BGBl I, S. 805).

[119] *Weissmann*, Ausländergesetz, Berlin 1966, § 10, Anm. 7 e unter Hinweis auf ein nichtveröffentlichtes Urteil des VG Berlin v. 18. 6. 1957; BVerwG VerwRspr Bd. 20, S. 847, 850, Urt. v. 24. 4. 1969.

als rechtmäßig ansieht und damit begründet, daß die Verhältnismäßigkeit zwischen der Maßnahme und der Auswirkung gewahrt sei[120].

Häufiger findet sich die (Un-)Zumutbarkeit als Grenze der Ausreisepflicht für Ausländer, die mit einem deutschen Ehepartner verheiratet sind, der dem Ausgewiesenen nicht folgen will. Dann wird von der Rechtsprechung[121] und dem Schrifttum[122] danach gefragt, ob es dem deutschen Ehepartner zumutbar sei, mit dem Ausgewiesenen in dessen Geburtsland zu gehen. Beispielsweise soll es dem deutschen Ehepartner unzumutbar sein, dem ausländischen in sein Heimatland nachzukommen, sofern er dadurch seine Existenzgrundlage verlieren würde und die Möglichkeit, im Ausland eine neue zu gründen, ungewiß sei[123].

Das Ergebnis dieser Ansicht ist, daß bei Unzumutbarkeit für den deutschen Ehepartner von der Ausweisung abgesehen werden muß[124] oder eine gegenüber dem ausländischen Ehepartner bereits ergangene Ausweisungsverfügung aufzuheben ist[125]. Die zuletzt geschilderten Fälle zeigen, daß nicht nur die (Un-)Zumutbarkeit beim Pflichtigen für diesen pflichtenbegrenzend wirkt, sondern auch die (Un-)Zumutbarkeit in der Person eines nahestehenden Dritten, hier des selbst nicht ausreisepflichtigen deutschen Ehepartners.

8. Begrenzung strafrechtlicher Pflichten

Im Strafrecht — einem Teilgebiet des öffentlichen Rechts[126] — verwendet die Literatur die (Un-)Zumutbarkeit als Schranke öffentlichrechtlicher Pflichten des Bürgers besonders häufig und nachdrücklich, obwohl sich dieses Merkmal nur in § 28 Abs. 1 und § 330 c StGB findet.

---

[120] *Weissmann*, Ausländergesetz (1966), § 10, Anm. 7 e.

[121] BVerwG JR 1970, S. 234, Beschl. v. 20. 1. 1970; ebenso schon BVerwG, in: Buchholz 402, 20, § 5 APVO Nr. 8, S. 8, 9 zu § 5 der Ausländerpolizeiverordnung v. 22. 8. 1938 (RGBl I, S. 1053), dem Vorläufer des § 10 AuslG; VGH Baden-Württemberg DVBl 1971, S. 361, 362, Urt. v. 9. 3. 1970; beiläufig auch BVerwG, in: Schüler - Wirtz, Rechtsprechung zum Ausländerrecht, Berlin 1971, § 10 Nr. 15, S. 302, Urt. v. 28. 1. 1969; VGH Baden-Württemberg ESVGH Bd. 16, S. 18, 20; Beschl. v. 23. 12. 1965, Bd. 18, S. 228, 231, Beschl. v. 21. 3. 1968, ferner DVBl 1967, S. 489, Beschl. v. 4. 8. 1966; Bay VGH BayVBl 1970, S. 186, 187, Urt. v. 5. 11. 1969; VG Berlin JR 1962, S. 395, 396, Urt. v. 8. 12. 1961.

[122] *Kloesel - Christ*, Deutsches Ausländerrecht, Stuttgart usw., Stand März 1971, § 10, Anm. 4 a, S. 8; *Weissmann*, Ausländergesetz (1966), § 10, Anm. 6, S. 99 f.

[123] *Kloesel - Christ*, Ausländerrecht (1971), § 10, Anm. 4 a, S. 8 f.

[124] *Kloesel - Christ*, Ausländerrecht (1971), § 10, Anm. 4 a, S. 8; *Weissmann*, Ausländergesetz (1966), § 10, Anm. 6, S. 100.

[125] VGH Baden-Württemberg, DVBl 1971, S. 361, 362, Urt. v. 9. 3. 1970.

[126] z. B. *Baumann*, Strafrecht, Allgemeiner Teil, 5. Aufl., Bielefeld 1968, S. 20; *Jescheck*, Lehrbuch des Strafrechts, Allgemeiner Teil, Berlin 1969, S. 10; *Maurach*, Deutsches Strafrecht, Allgemeiner Teil, 4. Aufl., Karlsruhe 1971, S. 23.

Den Tatbeständen des Strafrechts können die unterschiedlichsten Pflichten des Bürgers entnommen werden, etwa andere nicht zu töten oder nicht zu betrügen. Allgemein lassen sich diese Pflichten dahin zusammenfassen, daß Straftaten zu unterlassen sind[127]. Das gilt auch für die Unterlassungsdelikte, wenngleich hier die Pflicht, Straftaten zu unterlassen, ein positives Tun, beispielsweise Hilfe zu leisten (§ 330 c StGB), verlangt.

Für die Pflichten aus Fahrlässigkeits- und Unterlassungsdelikten wird von der als herrschend bezeichneten[128] Meinung anerkannt, daß sie durch die (Un-)Zumutbarkeit umgrenzt werden[129]. So meint *Maurach*[130], die heutige Zumutbarkeitslehre bei den Fahrlässigkeitsdelikten bedeute unter anderem die Umreißung der objektiven Sorgfaltspflicht und *Jescheck*[131] stellt fest, bei den Unterlassungsdelikten werde die Handlungspflicht durch das regulative Prinzip der Zumutbarkeit beschränkt.

Welche Rechtsfolgen vom Schrifttum an die „pflichtbegrenzende Allgemeinfunktion"[132] der (Un-)Zumutbarkeit geknüpft werden, hängt von dem systematischen Standort ab, der der Handlungspflicht bei den Unterlassungs- und der Sorgfaltspflicht bei den Fahrlässigkeitsdelikten zugewiesen wird. Je nach der befürwortenden Einordnung wirkt sich die (Un-)Zumutbarkeit der Pflichterfüllung im Rahmen der Tatbestandsmäßigkeit, Rechtswidrigkeit oder Schuld aus[133]. Nach *Schönke* -

[127] Von einer derartigen Unterlassungspflicht in Bezug auf Begehungsdelikte spricht auch *Henkel*, Zumutbarkeit und Unzumutbarkeit als regulatives Rechtsprinzip, in: Festschrift für Mezger, München und Berlin 1954, S. 249, 268.

[128] *Wittig*, Der übergesetzliche Schuldausschließungsgrund der Unzumutbarkeit in verfassungsrechtlicher Sicht, JZ 1969, S. 546.

[129] *Dallinger*, Unzumutbarkeit der Erfolgsabwendung bei unechten Unterlassungsdelikten, JR 1968, S. 6 - 8; *Gribbohm*, Verwendung und Funktionen der Unzumutbarkeit im Strafrecht, Diss. Kiel 1959, S. 14, 25, 160, 171, 179; *derselbe*, Zumutbarkeitserwägungen im Notwehrrecht, SchlHA 1964, S. 155, 158; *Henkel*, Zumutbarkeit, in: Festschrift für Mezger (1954), S. 249, 281 - 283; *Jescheck*, Lehrbuch (1969), S. 334, 396, 422 (für die Unterlassungsdelikte differenzierend); *Kohlrausch - Lange*, Strafgesetzbuch, 43. Aufl., Berlin 1961, Systematische Vorbem. II, S. 9; *Maurach*, Strafrecht (1971), S. 568 für die Fahrlässigkeitsdelikte; *Schönke - Schröder*, Strafgesetzbuch, 16. Aufl., München 1972, Vorbem. 92 vor § 51, § 59, Anm. 172, Vorbem. 94 vor § 1; *Röwer*, Die Zumutbarkeit des Rechtsgehorsams, Diss. Köln 1957, S. 115 und *derselbe*, Die Zumutbarkeit als spezielles täterschaftliches Merkmal beim Handeln durch Unterlassung, NJW 1958, S. 1528, 1529; RGSt Bd. 58, S. 97, 98, Urt. v. 29. 2. 1924, Bd. 58, S. 226, 227, Urt. v. 5. 6. 1924, Bd. 77, S. 125, 126, Urt. v. 2. 7. 1943 jeweils zu unechten Unterlassungsdelikten; BGHSt Bd. 6, S. 46, 57, Beschl. des Großen Senats für Strafsachen v. 17. 2. 1954 und BGH JZ 1964, S. 327, 328, Urt. v. 29. 11. 1963 (insoweit in BGHSt 19, S. 167 nicht abgedruckt), ebenfalls zu unechten Unterlassungsdelikten.

[130] Strafrecht (1971), S. 568.

[131] Lehrbuch (1969), S. 334.

[132] *Gribbohm*, Unzumutbarkeit (1959), S. 14, 25, 178.

[133] So zutreffend *Gribbohm*, Unzumutbarkeit (1959), S. 179.

Schröder beispielsweise soll für die Fahrlässigkeitsdelikte bei Unzumutbarkeit der Pflichterfüllung der Schuldvorwurf entfallen[134], für die Unterlassungsdelikte dagegen die Tatbestandsmäßigkeit[135]. Sieht man einmal davon ab, daß die strafrechtliche Literatur die Rechtsfolgen der (Un-)Zumutbarkeit an dem Deliktsaufbau ausrichtet, dann liegt ihr letztlich die Einsicht zugrunde, daß die Handlungs- und Sorgfaltspflichten bei Unzumutbarkeit entfallen[136], eine Rechtsfolge, wie sie schon in anderen Zusammenhängen bei der Unzumutbarkeit öffentlich-rechtlicher Pflichten festgestellt werden konnte[137].

Eine andere Auffassung, die nicht die Sorgfalts- und Handlungspflichten durch die (Un-)Zumutbarkeit begrenzen, sondern bei den Fahrlässigkeits-[138] und Unterlassungsdelikten[139] einen übergesetzlichen Schuldausschließungs- oder Entschuldigungsgrund der Unzumutbarkeit anerkennen will, läßt sich ebenfalls auf die Erkenntnis der pflichtenbegrenzenden Funktion der (Un-)Zumutbarkeit zurückführen[140]. Diese Meinung gesteht nämlich ein, daß die Pflicht, Straftaten zu unterlassen, nicht unbeschränkt sei, daß ihre Erfüllung in Notsituationen vielmehr unzumutbar sein könne[141]. Die pflichtenbegrenzende Funktion der (Un-)Zumutbarkeit wird nur nicht als solche herausgestellt, sondern als ein Schuldproblem behandelt mit der Folge, daß bei „Unzumutbarkeit normgemäßen Verhaltens“[142] der Schuldvorwurf entfällt[143].

Über die Fahrlässigkeits- und Unterlassungsdelikte hinaus wird heute — im Gegensatz zu früher[144] — ein übergesetzlicher Schuldaus-

---

134 Strafgesetzbuch (1972), § 59, Anm. 172.

135 Strafgesetzbuch (1972), Vorbem. 94 vor § 1.

136 So zutreffend *Gribbohm*, Unzumutbarkeit (1959), S. 13; *Henkel*, Zumutbarkeit, in: Festschrift für Mezger (1954), S. 249, 281.

137 s. o. unter B. II. 1., 3., 4., 5. und 7.

138 Statt vieler *Baumann*, Strafrecht (1968), S. 465; *Mangakis*, Über das Verhältnis von Strafrechtsschuld und Willensfreiheit, ZStW Bd. 75 (1963), S. 499, 529; BGHSt Bd. 2, S. 194, 204, Beschl. des Großen Senats für Strafsachen vom 18. 3. 1952.

139 z. B. *Baumann*, Strafrecht (1968), S. 225, 241 und 465; *Mangakis*, Strafrechtsschuld, ZStW Bd. 75 (1963), S. 499, 529; *Welzel*, Zur Problematik der Unterlassungsdelikte, JZ 1958, S. 494, 495 f.; BGHSt Bd. 2, S. 194, 204, Beschl. des Großen Senats für Strafsachen vom 18. 3. 1952.

140 Ebenso wohl BGHSt Bd. 6, S. 46, 57, Beschl. des Großen Senats für Strafsachen v. 17. 2. 1954, in dem einerseits die Zumutbarkeit zur Begrenzung der Handlungspflicht herangezogen und andererseits von der Zumutbarkeit als Schuldausschließungsgrund gesprochen wird.

141 *Baumann*, Strafrecht (1968), S. 463.

142 *Baumann*, Strafrecht (1968), S. 450, ähnlich S. 463; ferner *Welzel*, Das Deutsche Strafrecht, 11. Aufl., Berlin 1969, S. 178 f. u. a.

143 z. B. *Baumann*, Strafrecht (1968), S. 450 und *Welzel*, Strafrecht (1969), S. 178 f., 183.

144 z. B. *Freudenthal*, Schuld und Vorwurf im geltenden Strafrecht, Tübingen 1922, S. 7, 23; *Goldschmidt*, Normativer Schuldbegriff, in: Festgabe für Frank, Bd. I, Tübingen 1930, S. 428, 447, 452.

schließungsgrund der Unzumutbarkeit bei vorsätzlichen Begehungsdelikten fast allgemein abgelehnt[145]. Zwar wird übereinstimmend gesagt, die Schuldausschließungsgründe (Entschuldigungsgründe) der §§ 52, 54 StGB beruhten auf dem Gedanken der Unzumutbarkeit normgemäßen Verhaltens[146], doch will man daraus nicht den Schluß ziehen, die Unzumutbarkeit sei ein Schuldausschließungsgrund für alle Delikte[147]. Erwähnt sei aus jüngerer Zeit aber die gegenteilige Auffassung *Wittigs*, der aus dem allgemeinen Rechtsstaatsprinzip und daraus folgend aus dem Grundsatz nulla poene sine culpa zur Anerkennung eines allgemeinen Schuldausschließungsgrundes der Unzumutbarkeit kommt[148].

Wenn somit von der herrschenden Meinung für die vorsätzlichen Begehungsdelikte insgesamt ein übergesetzlicher Schuldausschließungsgrund der Unzumutbarkeit auch verneint wird, so wird dessen ungeachtet die (Un-)Zumutbarkeit bei einzelnen Vorsatzdelikten herangezogen, um die in den entsprechenden Tatbeständen enthaltenen Pflichten durch dieses Merkmal zu begrenzen. Beispielsweise soll die aus § 142 StGB (Verkehrsunfallflucht) ableitbare Pflicht, am Unfallort zu warten[149], nur soweit reichen, als ihre Erfüllung zumutbar ist[150], des-

---

[145] Statt vieler *Maurach*, Strafrecht (1971), S. 389 f. mit Nachweisen und einer Darstellung des Meinungsstandes; aus der Rechtsprechung grundlegend RGSt Bd. 66, S. 397, 399, Urt. v. 11. 11. 1932.

[146] So u. a. *Kohlrausch - Lange*, Strafgesetzbuch (1961), Vorbem. III vor § 51; *Schönke - Schröder*, Strafgesetzbuch (1972), Vorbem. 91 vor § 51; *Welzel*, Strafrecht (1969), S. 179; ausführlich *Röwer*, Zumutbarkeit (1957), S. 61 - 65, insbes. S. 64 m. w. Nachw. in Fußn. 3; aus der Rechtsprechung z. B. RGSt Bd. 66, S. 222, 224 f., Urt. v. 26. 4. 1932 und Bd. 66, S. 397, 398 f., Urt. v. 11. 11. 1932.

[147] *Kohlrausch - Lange*, Strafgesetzbuch (1961), Vorbem. III vor § 51; *Schönke - Schröder*, Strafgesetzbuch (1972), Vorbem. 91 vor § 51; *Stratenwerth*, Strafrecht, Allgemeiner Teil I, Berlin usw. 1971, S. 175, Rdnr. 633; RGSt Bd. 66, S. 397, 399, Urt. v. 11. 11. 1932.

[148] *Wittig*, Unzumutbarkeit, JZ 1969, S. 546, 547; im Ergebnis ebenso *Mangakis*, Strafrechtsschuld, ZStW Bd. 75 (1963), S. 499, 529; z. T. auch *Baumann*, Strafrecht (1968), S. 465.

[149] Dazu etwa *Geppert*, Zur Frage der Verkehrsunfallflucht (§ 142 StGB) bei vorsätzlich herbeigeführtem Verkehrsunfall, GA 1970, S. 1, 8; BGHSt Bd. 14, S. 89, 94, Beschl. v. 20. 1. 1960 und BVerfGE Bd. 16, S. 191, 193, Beschl. v. 29. 5. 1963.

[150] *Gribbohm*, Unzumutbarkeit (1959), S. 95 f., 98; *derselbe*, Zumutbarkeitserwägungen, SchlHA 1964, S. 155, 158 f.; *Roxin*, Unfallflucht eines verfolgten Diebes, NJW 1969, S. 2038, 2040; *Schönke - Schröder*, Strafgesetzbuch (1972), § 142, Anm. 30, 33, 33 a; wohl zustimmend *Mezger - Blei*, Strafrecht, II. Besonderer Teil, 9. Aufl., München und Berlin 1966, S. 266; eingehend und differenzierend *Geppert*, Verkehrsunfallflucht, GA 1970, S. 1, 8 - 14; BGH GA 1956, S. 120, Urt. v. 8. 11. 1955; OLG Bremen NJW 1967, S. 990, 991, Urt. v. 1. 2. 1967; auch OLG Oldenburg NdsRpfl 1953, S. 147, Urt. v. 17. 3. 1953; LG Duisburg, NJW 1969, S. 1261, 1263 f., Urt. v. 16. 1. 1969; Bedenken bei *Maurach*, Deutsches Strafrecht, Besonderer Teil, 5. Aufl., Karlsruhe 1969, S. 716, aber auch S. 720; ablehnend *Dreher*, Strafgesetzbuch, 32. Aufl., München 1970,

gleichen die Pflicht, an den Unfallort zurückzukehren[151]. Auch die § 257 StGB entnehmbare Pflicht, nach Begehung eines Verbrechens dem Täter oder Teilnehmer keinen Beistand zu leisten, wird vom Schrifttum[152] und von der Rechtsprechung[153] durch die (Un-)Zumutbarkeit beschränkt, und zwar für den Fall, daß die Begünstigung eines anderen zugleich eine Selbstbegünstigung[154] darstellt.

Begrenzungen strafrechtlicher Pflichten durch die (Un-)Zumutbarkeit begegnen einem ferner beim sogenannten Verbotsirrtum, das heißt beim Irrtum über die Rechtswidrigkeit der Tat[155]. Den Täter trifft in diesem Zusammenhang eine Erkundigungs-[156] und Prüfungspflicht[157], wonach er sich bewußt machen muß, ob sein beabsichtigtes Tun mit der Rechtsordnung in Einklang steht[158]. Diese Pflicht soll in der (Un-)Zu-

---

§ 142, Anm. 3 B, S. 614; *Oppe*, Anmerkung zum Urteil des Landsgerichts Duisburg vom 16. 1. 1969 (NJW 1969, S. 1261), S. 1261, 1262.

[151] *Gribbohm*, Unzumutbarkeit (1959), S. 97, 98; *derselbe*, Zumutbarkeitserwägungen, SchlHA 1964, S. 155, 158 f.; *Schönke - Schröder*, Strafgesetzbuch (1972), § 142, Anm. 24 i. V. m. Anm. 30, 33, 33 a und *Schröder*, Die sogenannte Rückkehrpflicht bei § 142 StGB, NJW 1966, S. 1001, 1003 für den Fall der Anerkennung einer solchen Pflicht; BGHSt Bd. 14, S. 89, 96, Beschl. v. 20. 1. 1960.

[152] So insbes. *Henkel*, Zumutbarkeit, in: Festschrift für Mezger (1954), S. 249, 270; ferner *Gribbohm*, Ist die Anstiftung zur persönlichen Begünstigung straflos, wenn der Anstifter selbst begünstigt wird? MDR 1961, S. 197, 198, 199; *Maurach*, Strafrecht (1971), S. 388; *Röwer*, Zumutbarkeit (1957), S. 17; *Welzel*, Strafrecht (1969), S. 182.

[153] So bes. RGSt Bd. 60, S. 101, 103, Urt. v. 19. 2. 1926, wo es heißt, dem in § 257 StGB ausgesprochenen Verbot sei dort eine Grenze gezogen, wo dem Handelnden nicht mehr zugemutet werden könne, dem Verbot Folge zu leisten; ferner RGSt Bd. 63, S. 233, 237, Urt. v. 27. 6. 1929; diese Rechtsprechung bestätigen RGSt Bd. 70, S. 390, 392, Urt. v. 14. 12. 1936 und Bd. 73, S. 265, 268, Urt. v. 6. 7. 1939 sowie BGHSt Bd. 2, S. 375, 378, Urt. v. 20. 5. 1952 und Bd. 9, S. 71, 73, Urt. v. 22. 11. 1955.

[154] Für die Selbstbegünstigung allein fehlt es bereits tatbestandlich an einem „Beistand leisten", so etwa *Schönke - Schröder*, Strafgesetzbuch (1972), § 257, Anm. 39 m. w. Nachw.

[155] Zum Begriff des Verbotsirrtums etwa *Jescheck*, Lehrbuch (1969), S. 299 und BGHSt Bd. 2, S. 194, 197, Beschl. des Großen Senats für Strafsachen v. 18. 3. 1952.

[156] u. a. *Jescheck*, Lehrbuch (1969), S. 302; *A. Kaufmann*, Das Schuldprinzip, Heidelberg 1961, S. 200 f.; *v. Weber*, Grundriß des deutschen Strafrechts, 2. Aufl., Bonn 1948, S. 123.

[157] z. B. *Gribbohm*, Unzumutbarkeit (1959), S. 167 und 178; *Müller - Dietz*, Grenzen des Schuldgedankens im Strafrecht, Freiburger rechts- und staatswissenschaftliche Abhandlungen, Bd. 26, Karlsruhe 1967, S. 85; BGHSt Bd. 2, S. 194, 201, 209, Beschl. des Großen Senats für Strafsachen v. 18. 3. 1952, Bd. 4, S. 1, 5, Beschl. v. 23. 12. 1952, Bd. 21, S. 18, 20 f. Beschl. v. 27. 1. 1966. Ablehnend gegenüber derartigen Pflichten *Rudolphi*, Unrechtsbewußtsein, Verbotsirrtum und Vermeidbarkeit des Verbotsirrtums, Göttinger rechtswissenschaftliche Studien, Bd. 76, Göttingen 1969, S. 196 - 200, insbes. S. 196 f. u. a.

[158] BGHSt Bd. 2, S. 194, 201, Beschl. des Großen Senats für Strafsachen v. 18. 3. 1952.

mutbarkeit ihre Schranke finden[159]. Bei Unzumutbarkeit sei der Verbotsirrtum nicht vermeidbar, mit der Folge, daß die Schuld entfalle[160].

Die (Un-)Zumutbarkeit begrenzt schließlich verschiedene Pflichten im Zusammenhang mit Rechtfertigungsgründen, und zwar die Prüfungspflicht beim übergesetzlichen Notstand[161] sowie bei der Wahrnehmung berechtigter Interessen (§ 193 StGB)[162] und die Ausweichpflicht bei der Notwehr (§ 53 StGB)[163].

III. Pflichtenbegrenzende Funktion der (Un-)Zumutbarkeit

Sowohl den allgemeinen[164] als auch den Stellungnahmen zu einzelnen Pflichten[165] ließ sich entnehmen, daß Rechtsprechung und Schrifttum

[159] *Gribbohm*, Unzumutbarkeit (1959), S. 169, 178; *derselbe*, Zumutbarkeitserwägungen, SchlHA 1964, S. 155, 158 f.; *Henkel*, Zumutbarkeit, in: Festschrift für Mezger (1954), S. 249, 298 - 300; BGHSt Bd. 2, S. 194, 209, auch S. 201, Beschl. des Großen Senats für Strafsachen v. 18. 3. 1952, Bd. 3, S. 357, 366, Urt. v. 19. 12. 1952, Bd. 3, S. 400, 403, Urt. v. 16. 12. 1952, Bd. 9, S. 164, 172, Urt. v. 20. 3. 1956, Bd. 21, S. 18, 21, Beschl. v. 27. 1. 1966.

[160] So die von der h. M. vertretene eingeschränkte Schuldtheorie, z. B. BGHSt Bd. 2, S. 194, 209, Beschl. des Großen Senats für Strafsachen v. 18. 3. 1952; Nachw. zu dieser Theorie bei *Maurach*, Strafrecht (1971), S. 464.

[161] *Gribbohm*, Unzumutbarkeit (1959), S. 178; *derselbe*, Zumutbarkeitserwägungen, SchlHA 1964, S. 155, 158 f.; *Henkel*, Zumutbarkeit, in: Festschrift für Mezger (1954), S. 249, 274 f. Gegen eine solche Prüfungspflicht überhaupt z. B. *Lenckner*, Der rechtfertigende Notstand, Tübinger rechtswissenschaftliche Abhandlungen, Bd. 14, Tübingen 1965, S. 200 m. w. Nachw. in Fußn. 44; für sie insbes. die Rechtsprechung, u. a. RGSt Bd. 62, S. 137, 138, Urt. v. 20. 4. 1928; BGHSt Bd. 14, S. 1, 2, Urt. v. 29. 5. 1959 und Teile des Schrifttums, z. B. *Mezger - Blei*, Strafrecht I, Allgemeiner Teil, 14. Aufl., München 1970, S. 154 f.

[162] *Frey*, Die Zumutbarkeit im Strafrecht, Diss. Saarbrücken 1961, S. 109; *Gribbohm*, Unzumutbarkeit (1959), S. 134 f., 178; *derselbe*, Zumutbarkeitserwägungen, SchlHA 1964, S. 155, 159; *Henkel*, Zumutbarkeit, in: Festschrift für Mezger (1954), S. 249, 275, Fußn. 2; *Lackner - Maassen*, Strafgesetzbuch, 5. Aufl., München 1969, § 193, Anm. 5; *Lenckner*, Die Rechtfertigungsgründe und das Erfordernis pflichtgemäßer Prüfung, in: Festschrift für H. Mayer, Berlin 1966, S. 165, 180; *Maurach*, Strafrecht BT (1969), S. 160; *Schönke - Schröder*, Strafgesetzbuch (1972), § 193, Anm. 11. Gegen eine derartige Pflicht bei § 193 StGB überhaupt z. B. Welzel, Strafrecht (1969), S. 322 und OLG Köln GA 1957, S. 61, Beschl. v. 27. 9. 1956.

[163] *Gribbohm*, Unzumutbarkeit (1959), S. 146, 179; *derselbe*, Zumutbarkeitserwägungen, SchlHA 1964, S. 155, 158 f.; *Henkel*, Zumutbarkeit, in: Festschrift für Mezger (1954), S. 249, 272 - 274; *Pfeiffer - Maul - Schulte*, Strafgesetzbuch, Essen 1969, § 53, Anm. 3, S. 207; RGSt Bd. 71, S. 133, 134 f., Urt. v. 1. 3. 1937; BGHSt Bd. 5, S. 245, 248, Urt. v. 2. 10. 1953; BGH, Urt. v. 6. 9. 1957, mitgeteilt von *Dallinger*, Aus der Rechtsprechung des Bundesgerichtshofes in Strafsachen, MDR 1958, S. 12, 13; BGH GA 1965, S. 147, 148, Urt. v. 26. 5. 1964; OLG Neustadt NJW 1961, S. 2076, Urt. v. 14. 6. 1961. Gegen eine Ausweichpflicht überhaupt z. B. *H. Mayer*, Strafrecht, Allgemeiner Teil, Stuttgart und Köln 1953, S. 201 f.; gegen das „Kriterium der Zumutbarkeit" *Baldus*, in: Baldus - Willms (Herausgeber), Strafgesetzbuch (Leipziger Kommentar), 9. Aufl., 3. Lieferung, Berlin 1970, § 53, Anm. 29.

[164] s. o. unter B. I.

[165] s. o. unter B. II.

die (Un-)Zumutbarkeit als das entscheidende Merkmal heranziehen, um öffentlich-rechtliche Pflichten zu begrenzen. Die Beschränkung solch unterschiedlicher Pflichten wie etwa der Polizei- und Auskunftspflicht sowie der strafrechtlichen Pflichten durch ein und dasselbe Merkmal mag verwundern. Sie läßt erkennen, daß der (Un-)Zumutbarkeit im öffentlichen Recht allgemein — unabhängig von dem Inhalt der jeweiligen Pflicht — eine pflichtenbegrenzende Funktion zuerkannt wird[166]. Daher ist es gerechtfertigt, von einer Pflichtengrenze der (Un-)Zumutbarkeit zu sprechen, von der Schrifttum und Rechtsprechung für öffentlich-rechtliche Pflichten ausgehen.

IV. Zusammenfassung

Wie die vorstehenden Erörterungen ergeben haben, wird von der Rechtsprechung und dem Schrifttum zahlreichen öffentlich-rechtlichen Pflichten des Bürgers eine gemeinsame Grenze gesetzt, die gebildet wird durch die Merkmale der Zumutbarkeit und der Unzumutbarkeit. Beispielsweise hat sich gezeigt, daß die Polizei-[167] und Reinigungspflicht[168] ebenso durch die (Un-)Zumutbarkeit beschränkt werden wie die Gehorsams-[169] und Auskunftspflicht[170] oder die öffentlich-rechtlichen Leistungspflichten allgemein[171]. Gleiches konnte für die strafrechtlichen[172] und verwaltungsvertraglichen[173], aber auch die sonst behandelten Pflichten[174] festgestellt werden. Danach kann dem Bürger eine öffentlich-rechtliche Pflicht nur auferlegt werden, wenn ihm die Erfüllung zumutbar ist; ist sie ihm dagegen unzumutbar, so entfällt sie.

Die Begründungen, die sich in Rechtsprechung und Schrifttum für eine derartige Begrenzung öffentlich-rechtlicher Pflichten auffinden ließen, sind unterschiedlich. Vorwiegend wird die Pflichtengrenze der

---

[166] Ebenso oder für Teilbereiche *Frey*, Zumutbarkeit (1961), S. 18; *Gribbohm*, Unzumutbarkeit (1959), S. 8 f.; *Henkel*, Zumutbarkeit, in: Festschrift für Mezger (1954), S. 249, 267 f., 282, 305; *Noftz*, Die Zumutbarkeit im Verwaltungsrecht SchlHA 1969, S. 167, 168. Für das Zivilrecht vgl. u. a. *Soergel - Siebert - Knopp*, BGB (1967), § 242, Anm. 40 und 41, *Staudinger - Weber*, BGB (1961), § 242, Anm. B 16 sowie *v. Godin*, in: v. Godin - Ratz, Kommentar zum Handelsgesetzbuch, 3. Band (§§ 343 - 372), 2. Aufl., Berlin 1963, § 346 Anhang, Anm. 33, S. 100.

[167] s. o. unter B. II. 2.

[168] s. o. unter B. II. 3.

[169] s. o. unter B. II. 4.

[170] s. o. unter B. II. 6.

[171] s. o. unter B. I.

[172] s. o. unter B. II. 8.

[173] s. o. unter B. II. 1.

[174] s. o. unter B. II. 5. und 7.

(Un-)Zumutbarkeit aus drei Gesichtspunkten abgeleitet, dem Übermaßverbot[175], insbesondere dem Grundsatz der Verhältnismäßigkeit[176], § 242 BGB[177] und dem Grundsatz von Treu und Glauben[178]. Daneben wurde die clausula rebus sic stantibus[179], der Gedanke der Rechtsstaatlichkeit[180] oder ein Grundsatz der Zumutbarkeit[181] herangezogen, um die Begrenzung zu rechtfertigen.

Die Fälle, in denen die Literatur die Unzumutbarkeit der Erfüllung einer öffentlich-rechtlichen Pflicht bejahte, waren mannigfaltig und können deshalb hier im einzelnen nicht aufgeführt werden. Auf einige Umstände wurde indes von der Literatur wiederholt abgestellt, um mit ihrer Hilfe die Unzumutbarkeit einer Pflicht darzutun. Diese Umstände können daher als typische Beispiele der Unzumutbarkeit gelten. Hervorzuheben sind die Gefährdung des Lebens und der Gesundheit[182] sowie die Vernichtung oder Gefährdung der wirtschaftlichen Existenz[183].

---

[175] So für die Reinigungspflicht, oben B. II. 3. und die Wehrpflicht, oben B. II. 5.

[176] So für die Wehrpflicht, oben B. II. 5., die steuerrechtliche Auskunftspflicht, oben B. II. 6. und die ausländerrechtliche Ausreisepflicht, oben B. II. 7.

[177] So allgemein für öffentlich-rechtliche Leistungspflichten, oben B. I. 2. a. E., für verwaltungsvertragliche Pflichten, oben B. II. 1., die Reinigungspflicht, oben B. II. 3. und die Gehorsamspflicht, oben B. II. 4.

[178] So allgemein, oben B. I. 1., für die Polizeipflicht, oben B. II. 2. und die steuerrechtliche Auskunftspflicht, oben B. II. 6. a. E.

[179] So allgemein für öffentlich-rechtliche Leistungspflichten, oben B. I. 1. und für verwaltungsvertragliche Pflichten, oben B. II. 1.

[180] So für die steuerrechtliche Auskunftspflicht, oben B. II. 6. a. E. und teilweise für strafrechtliche Pflichten, oben B. II. 8.

[181] So für die Reinigungspflicht, oben B. II. 3.

[182] s. oben B. II. 3. bei der Straßenreinigungspflicht und B. II. 5.

[183] s. oben B. II. 2. a. E. bei der Polizeipflicht, B. II. 5. bei der Gehorsamspflicht, B. II. 6. und B. II. 7. bei der ausländerrechtlichen Ausreisepflicht.

C. Begriff der (Un-)Zumutbarkeit

Bei den bisherigen Erörterungen wurde die (Un-)Zumutbarkeit als eine bekannte Größe vorausgesetzt. Das hatte seinen Grund darin, daß zunächst über die pflichtenbegrenzende Funktion dieses Merkmals Klarheit herrschen mußte. Die Erkenntnis dieser Funktion wird sich nämlich als hilfreich erweisen, den Begriff der (Un-)Zumutbarkeit inhaltlich auszufüllen. Auch können die von der zuvor behandelten Literatur für die Unzumutbarkeit genannten Beispiele herangezogen werden, um den Inhalt dieses Wortes festzulegen.

I. (Un-)Zumutbarkeit als subjektbezogener Wertungsmaßstab

Der Ursprung des Begriffs der Zumutbarkeit wird in dem mittelhochdeutschen Tätigkeitswort „muthen" erblickt, was so viel heißt, wie etwas von einem fordern[1]. Diese Bedeutung hat sich bis in die Gegenwart erhalten: „Zumuten" besagt noch heute, an jemanden ein Verlangen zu einem Verhalten, zu einer Leistung stellen[2]. Daraus wird ersichtlich, daß der Begriff „zumuten" eine Beziehung herstellt zwischen einem Verlangen und einer Person, von der etwas verlangt wird; er kennzeichnet mithin einen bestimmten personenbezogenen Sachverhalt.

Demgegenüber stellen die Begriffe „zumutbar" und „Zumutbarkeit" sowie ihre verneinenden Gegenstücke „unzumutbar" und „Unzumutbarkeit" oder — was gleichbedeutend ist[3] — „nicht zumutbar" und „Nichtzumutbarkeit" Wertungsmaßstäbe dar[4], die es ermöglichen, den eben gekennzeichneten personenbezogenen Sachverhalt daraufhin zu beurteilen, ob das von einer Person Verlangte von ihr erwartet werden kann oder nicht[5]. Hervorzuheben ist, daß für diese Wertung nicht die

[1] *Göbel*, Zumutbarkeit im Völkerrecht, Diss. Heidelberg 1949, S. 5 unter Bezugnahme auf *Sanders*, Wörterbuch der deutschen Sprache, 1863.

[2] *Staudinger - Weber*, BGB (1961), § 242, Anm. B 4.

[3] Feine Unterschiede wollen dagegen *Staudinger - Weber*, BGB (1961), § 242, Anm. B 7 erkennen.

[4] Ebenso bezüglich der Zumutbarkeit BGHZ Bd. 6, S. 270, 283, Beschl. des Großen Senats v. 10. 6. 1952; a. M. *Henkel*, Zumutbarkeit, in: Festschrift für Mezger (1954), S. 249, 304 i. V. m. S. 303.

[5] Teilweise ähnlich *Staudinger - Weber*, BGB (1961), § 242, Anm. B 6 - 8; auch *Weber*, Zumutbarkeit und Nichtzumutbarkeit als rechtliche Maßstäbe, JurJb 1962/63, S. 212, 226, ferner 229.

Vorstellungen der betroffenen Person ausschlaggebend sind, sondern die eines objektiven Durchschnittsbetrachters[6]. Übertragen auf das Thema der Arbeit besagen die obigen Ausführungen, daß die (Un-)Zumutbarkeit einen Maßstab abgibt, um aus der Sicht eines objektiven Durchschnittsbetrachters zu entscheiden, ob von einer Person die Erfüllung einer öffentlich-rechtlichen Pflicht verlangt werden darf oder — anders ausgedrückt — ob sie für den Pflichtigen tragbar ist.

Da es auf die Tragbarkeit für den Pflichtigen ankommt, ist der Maßstab der (Un-)Zumutbarkeit notwendig auf eine Person ausgerichtet. In diesem Sinne wird zutreffend von der Subjektbezogenheit des Begriffs der (Un-)Zumutbarkeit gesprochen[7] und festgestellt, daß die (Un-)Zumutbarkeit ohne Beziehung zu einer Rechtspersönlichkeit nicht denkbar sei[8].

II. (Un-)Zumutbarkeit und Interessenabwägung

Die erkannte Ausrichtung auf eine Person bewirkt, daß die (Un-)Zumutbarkeit als ein Individualisierungsgebot aufgefaßt werden muß[9], was im Zusammenhang mit ihrer pflichtenbegrenzenden Funktion dazu führt, daß sie individuellen Interessen des Pflichtigen Geltung verschafft[10]. Dementsprechend werden die Interessen Dritter oder der All-

[6] In ähnlichem Sinne *Engisch*, Die Idee der Konkretisierung in Recht und Rechtswissenschaft unserer Zeit, 2. Aufl., Heidelberg 1968, S. 279; *Schlegel*, Das Problem der Zumutbarkeit im Sozialrecht, SozSi 1969, S. 291, 297; *Staudinger - Weber*, BGB (1961), § 242, Anm. B 147, S. 472; ähnlich für unbestimmte Begriffe allgemein *Jllinek*, Gesetz, Gesetzesanwendung und Zweckmäßigkeitserwägung, Tübingen 1913, S. 38; für das Strafrecht insbes. *Goldschmidt*, Schuldbegriff, in: Festgabe für Frank, Bd. I (1930), S. 428, 453; *Liszt - Schmidt*, Lehrbuch des Deutschen Strafrechts, 26. Aufl., Berlin und Leipzig 1932, S. 284; *Schaffstein*, Die Nichtzumutbarkeit als allgemeiner übergesetzlicher Schuldausschließungsgrund, Abhandlungen der Rechts- und Staatswissenschaftlichen Fakultät der Universität Göttingen, Heft 15, Leipzig 1933, S. 46 f.

[7] *Herschel*, Zumutbarkeit anderer Arbeit und Sozialprestige, ArbuR 1968, S. 193, 198; *Schlegel*, Zumutbarkeit, SozSi 1969, S. 291, 297; *Staudinger - Weber*, BGB (1961), § 242, Anm. B 3, 129, 130 und 145; *Weber*, Zumutbarkeit, JurJb 1962/63, S. 212, 238; dem Sinne nach ebenso *Schubert*, Die Rechtsnatur der Zumutbarkeit (§ 1246 RVO), SV 1962, S. 298; ferner *Bluhm*, Das Begriffspaar der Zumutbarkeit und Unzumutbarkeit in der Zivil- und Strafgerichtsbarkeit, SchlHA 1969, S. 174, 176.

[8] *Staudinger - Weber*, BGB (1961), § 242, Anm. B 145.

[9] Im Ergebnis ebenso für die Zumutbarkeit *Isensee*, Subsidiaritätsprinzip und Verfassungsrecht, Schriften zum Öffentlichen Recht, Bd. 80, Berlin 1968, S. 311; zur Individualisierungstendenz, die sich im Gebrauch des Merkmals der Unzumutbarkeit ausdrücke *Henkel*, Recht und Individualität, Berlin 1958, S. 34 f.; auch *derselbe*, Zumutbarkeit, in: Festschrift für Mezger (1954), S. 264; ferner *Jobst*, Der Streit um die Zumutbarkeit im Strafrecht, München 1935, S. 73 f.

[10] Im Ergebnis ähnlich ohne Begründung *Bluhm*, Zumutbarkeit, SchlHA 1969, S. 174, 176.

gemeinheit von der (Un-)Zumutbarkeit nicht berücksichtigt, so daß sie begrifflich nicht auf eine Abwägung der Interessen des Pflichtigen mit den erwähnten anderen hinausläuft. So gesehen ist die Bemerkung *Häberles*[11] treffend, die Zumutbarkeitsklausel diene der Begrenzung des öffentlichen Interesses.

Das verkennt eine gegenteilige Ansicht, die die (Un-)Zumutbarkeit durch eine Interessenabwägung meint ermitteln zu können[12]. Soweit sich diese Auffassung auf eine ständige Rechtsprechung beruft[13], steht ihr entgegen, daß die dafür genannten Entscheidungen überwiegend entweder gar nicht die (Un-)Zumutbarkeit erwähnen[14] oder die Interessenabwägung nicht zur Begriffsbestimmung der (Un-)Zumutbarkeit heranziehen[15] oder schließlich nicht einschlägig sind[16].

Wenn dennoch einmal einige der von dieser Ansicht herangezogenen Urteile zur Bestimmung der (Un-)Zumutbarkeit die Interessen des Betroffenen nicht allein, sondern die beiderseitigen Interessen berücksichtigt wissen wollen[17], so findet sich diese Aussage in Verbindung mit einem Hinweis auf Treu und Glauben oder § 242 BGB[18]. Auch die eingangs abgelehnte Meinung selbst stellt ihre Äußerungen in einen Zusammenhang mit § 242 BGB[19]. Diese Vorschrift ist dahin zu verstehen,

---

[11] „Öffentliches Interesse" als juristisches Problem, Bad Homburg 1970, S. 141.

[12] So *Soergel - Siebert - Knopp*, BGB (1967), § 242, Anm. 41; *Staudinger - Weber*, BGB (1961), § 242, Anm. B 162; auch *Buche*, Der Grundsatz der Zumutbarkeit im Arbeitsrecht, SchlHA 1969, S. 172, 174.

[13] *Staudinger - Weber*, BGB (1961), § 242, Anm. 162, S. 478.

[14] Sondern nur eine Interessenabwägung: RGZ Bd. 120, S. 94, 97, Urt. v. 31. 1. 1928, Bd. 145, S. 155, 158, Urt. v. 18. 9. 1934, Bd. 154, S. 161, 165 f., Urt. v. 10. 3. 1937; BGHZ Bd. 3, S. 270, 271, 281, Urt. v. 26. 10. 1951, Bd. 8, S. 142, 145 f., Urt. v. 28. 11. 1952, Bd. 14, S. 53, 58 f., Urt. v. 12. 6. 1954, Bd. 15, S. 249, 261, Urt. v. 26. 11. 1954, Bd. 16, S. 31, 37, Urt. v. 17. 12. 1954, Bd. 16, S. 71, 78, Urt. v. 18. 12. 1954.

[15] So BGHZ Bd. 15, S. 209, 214 - 216, Urt. v. 19. 11. 1954, Bd. 17, S. 13, 16, Urt. v. 11. 3. 1955, es sei denn, eine Interessenabwägung ist im Zusammenhang mit der Zumutbarkeit — wie im Falle des § 1 Abs. 1 Vertragshilfegesetz — gesetzlich vorgeschrieben, dazu BGHZ Bd. 16, S. 105, 106 f., Urt. v. 4. 1. 1955, auch OGH NJW 1949, S. 502, 504, Urt. v. 31. 3. 1949. BGH NJW 1957, S. 827, Urt. v. 15. 1. 1957 endlich zieht nicht die Interessenabwägung zur Bestimmung der (Un-)Zumutbarkeit heran, sondern geht umgekehrt von einer bei § 1004 BGB vorzunehmenden Interessenabwägung aus und begründet damit, daß sich die Abwehr eines objektiv rechtswidrigen Eingriffs in den Grenzen des Notwendigen und Zumutbaren halten müsse.

[16] So RGZ Bd. 134, S. 38, 41, Urt. v. 27. 10. 1931 und RG WarnRspr 1922 Nr. 28, Urt. v. 23. 11. 1921, die weder auf eine Interessenabwägung abstellen noch den Begriff der (Un-)Zumutbarkeit behandeln.

[17] RGZ Bd. 101, S. 78, 83, Urt. v. 10. 12. 1920, Bd. 102, S. 272, 274, Urt. v. 7. 6. 1921, Bd. 172, S. 20, 28, Urt. v. 27. 9. 1943; BGH LM Nr. 26 zu § 13 GVG, Bl. 2, Urt. v. 25. 5. 1954 und MDR 1954, S. 733, 734, Urt. v. 23. 6. 1954.

[18] Dazu wiederum die Urteile in Fußn. 17.

[19] *Soergel - Siebert - Knopp*, BGB (1967), § 242, Anm. 41 behandeln im Zusammenhang mit dieser Aussage die Leitgedanken des § 242 BGB; *Weber*,

daß sie den an einem Rechtsverhältnis Beteiligten gebietet, auf die berechtigten Interessen des anderen Teils Rücksicht zu nehmen[20]. Mit anderen Worten bedeutet § 242 BGB die Anweisung, eine Interessenabwägung vorzunehmen[21].

Aus dieser Sicht muß die zuletzt angeführte Rechtsprechung wie überhaupt die oben gekennzeichnete Auffassung gesehen werden. Dann ergibt sich, daß nicht der Begriff der (Un-)Zumutbarkeit eine Interessenabwägung verlangt, sondern die Norm des § 242 BGB. Erst wenn man also die (Un-)Zumutbarkeit mit § 242 BGB verbindet, läßt sich dieser Begriff inhaltlich im Sinne einer Abwägung der beiderseitigen Interessen oder gar als ein Gebot zur notwendigen Rücksichtnahme auf andere[22] begreifen.

Das erkennt auch ein Urteil des Bundesgerichtshofs[23], wo es heißt, der Gedanke von Treu und Glauben schließe es aus, bei der Beurteilung der Leistungspflicht des Schuldners von seinem einseitigen Interesse auszugehen. Es sei deshalb nicht nur zu prüfen, wieweit die Bewirkung der geschuldeten Leistung die dem Schuldner zumutbare Opfergrenze übersteige, sondern auch, wieweit dem Gläubiger der etwaige Wegfall der Leistungspflicht des Schuldners zumutbar sei. Dafür sei eine Abwägung der beiderseitigen Interessen erforderlich[24].

Somit hat sich bestätigt, daß der Begriff der (Un-)Zumutbarkeit für sich genommen nicht auf eine Interessenabwägung hinausläuft. Wird die (Un-)Zumutbarkeit daher als Tatbestandsmerkmal verwandt, so muß der Gesetzgeber besonders hervorheben, wenn die Interessen anderer oder der Allgemeinheit berücksichtigt werden sollen. Dementsprechend verfährt er denn auch verschiedentlich.

In § 20 a S. 1 PBefG[25] etwa — ähnlich in § 13 a Abs. 2 S. 1 GüKG[26] — stellt der Gesetzgeber die öffentlichen (Verkehrs-)Interessen neben den Gesichtspunkt der Zumutbarkeit, indem er die Pflicht des Unternehmers, den von ihm betriebenen Verkehr zu erweitern oder zu verän-

---

in: Staudinger, BGB (1961), § 242, Anm. B 162 befaßt sich zwar nur mit der Frage der Nichtzumutbarkeit einer Leistung, stützt jedoch an anderer Stelle (§ 242, Anm. B 138) diesen Gesichtspunkt ausschließlich auf § 242 BGB.

[20] *Soergel - Siebert - Knopp*, BGB (1967), § 242, Anm. 1 und 53.

[21] So *Hubmann*, Grundsätze der Interessenabwägung, AcP Bd. 155 (1956), S. 85, 86 f.; auch *Nipperdey*, Vertragstreue und Nichtzumutbarkeit der Leistung, Mannheim usw. 1921, S. 32.

[22] So *Herschel*, Zumutbarkeit, ArbuR 1968, S. 193, 195.

[23] LM Nr. 26 zu § 13 GVG, Urt. v. 25. 5. 1954.

[24] BGH LM Nr. 26 zu § 13 GVG, Urt. v. 25. 5. 1954, Bl. 2; ähnlich RGZ Bd. 102, S. 272, 274, Urt. v. 7. 6. 1921.

[25] Personenbeförderungsgesetz v. 21. 3. 1961 (BGBl I, S. 241), zuletzt geändert durch Gesetz v. 27. 6. 1970 (BGBl I, S. 911).

[26] Güterkraftverkehrsgesetz i. d. F. v. 22. 12. 1969 (BGBl 1970 I, S. 2), zuletzt geändert durch Gesetz v. 24. 12. 1971 (BGBl I, S. 2149).

dern, davon abhängig macht, daß „die öffentlichen Verkehrsinteressen es erfordern und es dem Unternehmer ... zumutbar ist". In § 24 Abs. 1 S. 1 PBefG wird die Zumutbarkeit sogar in einen Gegensatz zu den öffentlichen (Verkehrs-)Interessen gebracht. Danach kann die Genehmigungsbehörde den Unternehmer auf seinen Antrag von der Verpflichtung zur Aufrechterhaltung des Betriebs entbinden, „wenn ihm die Weiterführung des Betriebs nicht mehr zugemutet werden kann oder die öffentlichen Verkehrsinteressen dies nicht mehr erfordern".

III. Inhaltliche Ausfüllung der Unzumutbarkeit

Nachdem deutlich geworden ist, daß es wegen der Subjektbezogenheit der (Un-)Zumutbarkeit nicht auf eine Interessenabwägung ankommt, fragt sich, wie dieser Begriff auf andere Weise inhaltlich zu konkretisieren ist.

Aus der Subjektbezogenheit folgt für die Inhaltsbestimmung der (Un-)Zumutbarkeit, daß Umstände herangezogen werden müssen, die dem persönlichen Bereich des Pflichtigen zu entnehmen sind[27]. Für den Begriff der (Un-)Zumutbarkeit erweisen sich mithin subjektiv-individuelle Faktoren als entscheidend[28]. Da es bezüglich dieser Umstände für die Zumutbarkeit und die Unzumutbarkeit wegen ihrer begrifflichen Gegensätzlichkeit keine Gemeinsamkeiten gibt und es keinen Unterschied macht, ob man die Pflichtengrenze der (Un-)Zumutbarkeit von der positiven Seite — der Zumutbarkeit — oder von der negativen Seite — der Unzumutbarkeit — festlegt[29], beschränken sich die folgenden Ausführungen — wenn nichts anderes vermerkt ist — auf den Begriff der Unzumutbarkeit.

Auszugehen ist von dem an früherer Stelle[30] herausgestellten Zweck der Unzumutbarkeit, die in Pflichten ausgedrückten Anforderungen an eine Person zu begrenzen. Dieser Zweck ist der methodische Ansatzpunkt, um mit seiner Hilfe aus dem Kreis der Umstände des persönlichen Bereichs des Pflichtigen diejenigen auszuwählen, die den Begriff der Unzumutbarkeit inhaltlich ausfüllen[31]. Ein derartiges Vorgehen

---

[27] So im Ergebnis auch *Staudinger - Weber*, BGB (1961), § 242, Anm. B 129; *Tipke*, Rechtsstaat (1968), S. 100 und *Tipke - Kruse*, AO (1965/72), § 170, Anm. 5, S. 553, § 175, Anm. 6, S. 569, § 202, Anm. 14, S. 630, mißverstanden von *Steinberg*, Zumutbarkeit, BB 1968, S. 433, 437.

[28] Im Ansatz ebenso *Herschel*, Zumutbarkeit, ArbuR 1968, S. 193, 196, 198.

[29] Anders *Staudinger - Weber*, BGB (1961), § 242, Anm. B 27, der die Zumutbarkeit u. a. als Maßstab für die Anpassung von Schuldnerpflichten verwenden will, die Nichtzumutbarkeit dagegen als Befreiungsgrund von einer Leistung überhaupt.

[30] s. o. unter B. III.

[31] Ähnliche Versuche einer Konkretisierung der Unzumutbarkeit bei *Fikentscher*, Schuldrecht (1971), S. 111.

rechtfertigt sich aus der allgemeinen, auf *Jhering*[32] zurückgehenden Erkenntnis, daß alle juristischen Begriffe zweckhaft sind und daher von ihrem jeweiligen Zweck auszugehen ist, um (mittels Auslegung) ihren Inhalt zu bestimmen[33].

Danach sind für die inhaltliche Ausfüllung der Unzumutbarkeit zunächst solche Umstände bedeutsam, denen ein erhebliches Gewicht zukommt und die es Personen außergewöhnlich erschweren, ihre Pflichten zu erfüllen. Ausgeschieden werden müssen deshalb einerseits Umstände, die den Pflichtigen nicht schwerwiegend belasten, da sie die Normalsituation darstellen, mit der jeder fertig werden muß. Außer Betracht zu bleiben haben andererseits die Umstände, die es Personen unmöglich machen, ihren Pflichten nachzukommen.

Unmöglichkeit und Unzumutbarkeit sind zwei voneinander zu unterscheidende Begriffe[34]. Dies bestätigt auch der Gesetzgeber, wenn es beispielsweise in § 21 Abs. 1 a S. 2 Nr. 1 ArznMG[35] heißt, bei der Anmeldung einer Arznei sei ein Bericht einzureichen, der Angaben enthalten müsse über Eigenschaften der Stoffe und Zubereitungen, „soweit deren Feststellung möglich und zumutbar" sei[36]. Die Unterscheidung beider Begriffe rechtfertigt sich aus der Einsicht, daß bei der Unmöglichkeit der Schuldner seine Pflicht nicht erfüllen *kann*, bei der Unzumutbarkeit er sie dagegen nicht zu erfüllen *braucht*, obwohl er es könnte. Die Unzumutbarkeit einer Pflicht setzt demnach die Möglichkeit ihrer Erfüllung voraus[37], so daß sich die Frage nach der Unzumutbarkeit nur stellt, wenn nicht bereits Umstände vorliegen, die die Unmöglichkeit der Pflichterfüllung ergeben[38].

---

[32] Der Zweck im Recht, 1. Bd., 3. Aufl., Leipzig 1893, insbes. S. 442; auch schon *Rümelin*, Juristische Begriffsbildung, Leipzig 1878, S. 17.

[33] Dazu näher z. B. *Larenz*, Methodenlehre der Rechtswissenschaft, 2. Aufl., Berlin usw. 1969, S. 311 f.; aus dem älteren Schrifttum bereits deutlich *Müller - Erzbach*, Die Relativität der Begriffe und ihre Begrenzung durch den Zweck des Gesetzes, Jher Jahrb Bd. 61 (1912), S. 343, 373, 377 Fußn. 3 a. E. (S. 378), 378.

[34] A. M. *Steinberg*, Zumutbarkeit, BB 1968, S. 433, 438 i. V. m. S. 437, der die subjektive Unmöglichkeit als einen Fall der Unzumutbarkeit begreift.

[35] Gesetz über den Verkehr mit Arzneimitteln (Arzneimittelgesetz) v. 16. 5. 1961 (BGBl I, S. 553), zuletzt geändert durch Gesetz v. 23. 6. 1970 (BGBl I, S. 805).

[36] Ein weiteres Beispiel findet sich in § 6 Abs. 5 S. 3 ZG (Zollgesetz v. 14. 6. 1961, BGBl I, S. 737 i. d. F. v. 18. 5. 1970, BGBl I, S. 529), wonach bestimmtes Zollgut dem Zollbeteiligten zu übergeben „oder, wenn dies unmöglich oder unzumutbar ist, der zuständigen Zollstelle zu gestellen" ist.

[37] In diesem Sinne *Herschel*, Zumutbarkeit, ArbuR 1968, S. 193, 195; ihm folgend *Noftz*, Zumutbarkeit, SchlHA 1969, S. 167; auch *Henkel*, Zumutbarkeit, in: Festschrift für Mezger (1954), S. 249, 262.

[38] Ähnlich *Herschel*, Zumutbarkeit, ArbuR 1968, S. 193, 196 und *Staudinger - Weber*, BGB (1961), § 242, Anm. B 22.

Hinzukommen muß, daß die Umstände erheblichen Gewichts, die es Personen außergewöhnlich erschweren, ihre Pflichten zu erfüllen, so geartet sind, daß sich angesichts ihres Vorliegens die Wertung einstellt, die Pflichterfüllung könne von der jeweils betroffenen Person nicht erwartet werden. Eine solche Wirkung kann nur Umständen zukommen, die für jeden Pflichtigen — unabhängig davon, um welche Pflicht es auch geht — gleichermaßen derart einschneidend sind, daß sich die Wertung ergibt, die Pflichterfüllung sei unzumutbar. Es muß sich mit anderen Worten um solche Umstände handeln, die die genannte Wertung — ohne Rücksicht auf die jeweilige Pflicht und die Person des Pflichtigen — eindeutig in sich tragen.

Das kann von denjenigen Umständen gesagt werden, die die Literatur wiederholt und in den verschiedensten Fällen herangezogen hat, um damit den Begriff der Unzumutbarkeit auszufüllen[39]. Teilweise sind derartige Umstände bereits bei der Erörterung der Pflichtengrenze der (Un-)Zumutbarkeit in Rechtsprechung und Schrifttum zutage getreten[40]. Diese Umstände können wirtschaftlicher, ideeller oder sonstiger Art sein[41]. Zu denken ist beispielsweise an Umstände, die die wirtschaftliche Existenz des Pflichtigen bedrohen oder gar vernichten[42], zumindest aber sein wirtschaftliches Fortkommen schwer beeinträchtigen[43]. Ferner kommen Umstände in Betracht, die den Betroffenen in einen ernsten

---

[39] Ähnlich wollen *Schlegel*, Zumutbarkeit, SozSi 1969, S. 291, *Staudinger - Weber*, BGB (1961), § 242, Anm. B 131 f. und *Weber*, Zumutbarkeit, JurJb 1962/63, S. 212, 230, 235 den Begriffsinhalt der Unzumutbarkeit ermitteln; auch *Bachof*, Beurteilungsspielraum, Ermessen und unbestimmter Rechtsbegriff im Verwaltungsrecht, JZ 1955, S. 97, 101 kann in diesem Sinne verstanden werden, wenn er von der Zumutbarkeit als einem Erfahrungsbegriff spricht; ferner allgemein zur Konkretisierung wertausfüllungsbedürftiger Begriffe durch Entscheidungen *Engisch*, Einführung in das juristische Denken, 3. Aufl., Stuttgart 1964, S. 126; ähnlich *Larenz*, Methodenlehre (1969), S. 265 f. hinsichtlich der Fallvergleichung, die er als das wichtigste Mittel zur Ausfüllung eines ausfüllungsbedürftigen Maßstabes betrachtet.

[40] s. o. unter B. IV. mit Rückverweisungen.

[41] *Staudinger - Weber*, BGB (1961), § 242, Anm. B 129, auch B 300; ferner *Weber*, Zumutbarkeit, JurJb 1962/63, S. 212, 216, 235.

[42] *Felix*, Anmerkung, BB 1955, S. 118; *v. Godin*, in: RGRK zum HGB (1963), § 546 Anhang, Anm. 34, S. 101 und Anm. 38, S. 107; *Hilger*, Kürzung und Widerruf von betrieblichen Pensionen bei Rückgang der Geschäftslage, BB 1951, S. 618; *Kloesel - Christ*, Ausländerrecht (1971), § 10, Anm. 4 a, S. 8 f.; *Erman - Sirp*, BGB (1967), § 242, Anm. III 4 e) bb), S. 418; *Staudinger - Weber*, BGB (1961), § 242, Anm. B 190 f., B 318; *Tipke*, Rechtsstaat (1968), S. 100; aus der Rechtsprechung: RGZ Bd. 102, S. 272, 273 f., Urt. v. 7. 6. 1921; RKGE Bd. 1, S. 177, 180, Urt. v. 11. 8. 1938; BGH LM Nr. 2 zu § 284 BGB, Bl. 2, Urt. v. 3. 10. 1952; OLG Frankfurt SJZ 1947, S. 189, 190, Urt. v. 21. 10. 1946; OLG Hamburg, DB 1951, S. 443, 444, Urt. v. 8. 5. 1951; OVG Rheinland-Pfalz DÖV 1954, S. 216, 217, Plenarbeschl. v. 13. 3. 1953.

[43] *Erman - Sirp*, BGB (1967), § 242, Anm. III 4 e) bb), S. 418 unter Bezugnahme auf das allerdings nur in der hier wiedergegebenen Formulierung einschlägige Urteil des BGH v. 15. 4. 1959, BGHZ Bd. 30, S. 273, 280.

Konflikt mit seinem Gewissen bringen[44], seine Menschenwürde[45] oder seine Ehre verletzen[46]. Schließlich können Umstände wie die Gefährdung des Lebens, der Gesundheit oder der Freiheit des Betroffenen die Unzumutbarkeit inhaltlich festlegen[47].

IV. Absolute und relative (Un-)Zumutbarkeit

All diese im Sinne der Unzumutbarkeit bereits vorgewerteten Umstände kann man absolut nennen, weil ihnen gemeinsam ist, daß sie unabhängig von dem jeweiligen Einzelfall zur Wertung der Unzumutbarkeit führen. Desgleichen sind Umstände denkbar, die nur die Wertung der Zumutbarkeit begründen können. Entsprechend läßt sich von einer absoluten (Un-)Zumutbarkeit sprechen[48].

---

[44] *Blomeyer*, Gewissensprivilegien im Vertragsrecht? JZ 1954, S. 309, 311; *Bosch - Habscheid*, Vertragspflicht und Gewissenskonflikt, JZ 1954, S. 213, 214 f., *dieselben*, Nochmals: Vertragspflicht und Gewissenskonflikt, JZ 1956, S. 297, 301; *Brecher*, Grundrechte im Betrieb, in: Festschrift für Nipperdey, Bd. II, München und Berlin 1965, S. 29, 48; *Esser*, Schuldrecht I (1970), S. 42, wenngleich er die Unzumutbarkeit als Unterfall des Rechtsmißbrauchs versteht; *v. Godin*, in: RGRK zum HGB (1963), § 346 Anhang, Anm. 34, S. 101; *H. Kaufmann*, Die Einrede der entgegenstehenden Gewissenspflicht, AcP Bd. 161 (1962), S. 289, 291, anders S. 314; *Krüger*, Grenzen der Zumutbarkeit aus Gewissensgründen im Arbeitsrecht, RdA 1954, S. 365, 372; *Larenz*, Lehrbuch des Schuldrecht, 1. Bd., Allgemeiner Teil, 10. Aufl., München 1970, S. 108; *Löwisch*, Rechtswidrigkeit und Rechtfertigung von Forderungsverletzungen, AcP Bd. 165 (1965), S. 421, 443 f.; *Soergel - Siebert - Knopp*, BGB (1967), § 242, Anm. 28; *Staudinger - Weber*, BGB (1961), § 242, Anm. B 239, 302, 385, besonders B 386; *Weber*, Zumutbarkeit, JurJb 1962/63, S. 212, 216; wohl auch *Wieacker*, Vertragsbruch aus Gewissensnot, JZ 1954, S. 466, 467; LAG Düsseldorf, JZ 1964, S. 258, Urt. v. 14. 2. 1963.

[45] *v. Godin*, in: RGRK zum HGB (1963), § 346 Anhang, Anm. 34, S. 101; *Herschel*, Beschränkung der Befugnis zur außerordentlichen Kündigung, in: Festschrift für Nikisch, Tübingen 1958, S. 49, 58; *Steinberg*, Zumutbarkeit, BB 1968, S. 433, 437; *Tipke - Kruse*, AO (1965/72), § 175, Anm. 6.

[46] *v. Godin*, in: RGRK zum HGB (1963), § 346 Anhang, Anm. 34, S. 101; *Herschel*, Zumutbarkeit, ArbuR 1968, S. 193, 198 f.; *Staudinger - Weber*, BGB (1961), § 242, Anm. B 239, 297 und 302; *Steinberg*, Zumutbarkeit, BB 1968, S. 433, 437; RKGE Bd. 1, S. 177, 180, Urt. v. 11. 8. 1938.

[47] *v. Godin*, in: RGRK zum HGB (1963), § 346 Anhang, Anm. 34, S. 101; *Larenz*, Schuldrecht (1970), S. 108; *Löwisch*, Rechtswidrigkeit, AcP Bd. 165 (1965), S. 421, 443 f.; *Staudinger - Weber*, BGB (1961), § 242, Anm. B 239, 297, 302, 326; *Steinberg*, Zumutbarkeit, BB 1968, S. 433, 437; RKGE Bd. 1, S. 177, 180, Urt. v. 11. 8. 1938; OVG Lüneburg DVBl 1962, S. 421, 422, Urt. v. 22. 3. 1962; BayObLG BayVBl 1963, S. 92, 93, Urt. v. 6. 12. 1962; BayVGH BayBgm 1965, S. 251, Urt. v. 23. 6. 1965.

[48] Ebenso in der Terminologie und ähnlich in der Begründung einer absoluten Unzumutbarkeit *Herschel*, Zumutbarkeit, ArbuR 1968, S. 193, 196 f. und *derselbe*, Kündigung, in: Festschrift für Nikisch (1958), S. 49, 58 f.; ferner *Staudinger - Weber*, BGB (1961), § 242, Anm. B 149; auch *Weber*, Zumutbarkeit, JurJb 1962/63, S. 212, 227.

Von der absoluten (Un-)Zumutbarkeit zu unterscheiden ist die relative (Un-)Zumutbarkeit[49]. Sie ergibt sich nicht schlechthin aus dem Vorliegen bestimmter (absoluter) Umstände, die für sich genommen die (Un-)Zumutbarkeit ausmachen, sondern muß Umständen entnommen werden, die sich erst im Zusammenhang mit einem konkreten Rechtsverhältnis ermitteln lassen[50] und die man wegen dieser Abhängigkeit als relative bezeichnen kann.

Bezogen auf das Thema dieser Arbeit sind damit Umstände gemeint, die dem Verhältnis einer bestimmten öffentlich-rechtlichen Pflicht zu einer konkreten Person, dem Pflichtigen, entspringen. Zum Beispiel hat sich gezeigt, daß es einem Wehrpflichtigen, der nur über ein rund 10 qm großes Zimmer verfügt, unzumutbar ist, die ihn nach § 3 Abs. 1 S. 2 WPflG treffende Pflicht zu erfüllen, Bekleidungs- und Ausrüstungsgegenstände aufzubewahren[51].

Daraus wird ersichtlich, daß die relative (Un-)Zumutbarkeit eine Frage des Einzelfalles ist. Aber auch der Inhalt der absoluten (Un-)Zumutbarkeit steht nicht ein für allemal fest, da die oben erwähnten absoluten Umstände nicht abschließend in dem Sinne sind, daß sich nicht weitere herausbilden könnten, um die (Un-)Zumutbarkeit inhaltlich zu konkretisieren. An diesen Feststellungen muß jede Bemühung scheitern, den Begriff der (Un-)Zumutbarkeit abstrakt zu definieren[52]. Die (Un-)Zumutbarkeit ist eben keine konstante Größe, die einer endgültigen Begriffsbestimmung zugänglich ist. Definitionen der (Un-)Zumutbarkeit können deshalb über Teilaussagen nicht hinausgelangen[53].

V. (Un-)Zumutbarkeit als unbestimmter Rechtsbegriff

Wegen der letztlichen Ungewißheit über den Inhalt[54] der (Un-)Zumutbarkeit handelt es sich bei ihr um einen unbestimmten Rechts-

[49] *Herschel*, Zumutbarkeit, ArbuR 1968, S. 193, 196 und *derselbe*, Kündigung, in: Festschrift für Nikisch (1958), S. 49, 58.

[50] Ähnlich *Herschel*, Zumutbarkeit, ArbuR 1968, S. 193, 197 und derselbe, Kündigung, in: Festschrift für Nikisch (1958), S. 49, 59; ferner auch *Staudinger - Weber*, BGB (1961), § 242, Anm. B 149.

[51] So das oben, unter B. II. 5. behandelte Urteil des Bundesverwaltungsgerichts v. 22. 4. 1971, BVerwGE Bd. 38, S. 68, 75.

[52] Allgemein dazu *H. H. Klein*, Zur Auslegung des Rechtsbegriffs der öffentlichen Sicherheit und Ordnung, DVBl 1971, S. 233, 235, wonach die Bestimmung eines unbestimmten Rechtsbegriffs abstrakt und ein für allemal nicht möglich und darüber hinaus auch nicht zulässig ist, weil der Gesetzgeber sonst einen bestimmten Begriff gewählt haben würde.

[53] Ähnlich *Staudinger - Weber*, BGB (1961), § 242, Anm. B 128 zu den dort in der Fußnote mitgeteilten Definitionsversuchen; *Herschel*, Zumutbarkeit, ArbuR 1968, S. 193, 195.

[54] Zum so verstandenen unbestimmten Rechtsbegriff *Engisch*, Einführung (1964), S. 108 und *Enneccerus - Nipperdey*, Allgemeiner Teil des Bürgerlichen Rechts, 1. Halbbd., 15. Aufl., Tübingen 1959, S. 308.

begriff[55]. Solche Begriffe weisen einen „Begriffskern“ und einen „Begriffshof“[56] auf[57]. Besteht über den Inhalt eines Begriffs weitgehend Klarheit — wie über den der absoluten Unzumutbarkeit — so handelt es sich um den Begriffskern, ergeben sich dagegen Zweifel — wie bei der relativen Unzumutbarkeit — so ist dies der Begriffshof[58].

Da die Auslegung unbestimmter Rechtsbegriffe schwieriger ist als die bestimmter — was sich aus der größeren Ungewißheit über ihren Inhalt erklärt — weisen unbestimmte Rechtsbegriffe gegenüber bestimmten einen sehr kleinen Begriffskern auf, während es sich bei dem Begriffshof genau umgekehrt verhält[59]. Unzutreffend wäre es aber, wollte man unbestimmten Rechtsbegriffen wie der (Un-)Zumutbarkeit überhaupt einen Begriffskern und einen Begriffshof absprechen. Darauf läuft indes verallgemeinert die Ansicht hinaus, die von der Inhaltlosigkeit der (Un-)Zumutbarkeit spricht[60].

Was die Unzumutbarkeit betrifft, so steht der genannten Auffassung entgegen, daß sich dieser Begriff anhand absoluter Umstände aus dem persönlichen Bereich des Betroffenen inhaltlich konkretisieren läßt[61]. Mit der Annahme, die (Un-)Zumutbarkeit sei inhaltslos, stünde auch im Widerspruch, daß jeder Begriff nur die in Gestalt eines Wortes ver-

---

[55] *Bachof*, Rechtsbegriff, JZ 1955, S. 97, 101 i. V. m. S. 99; *Schweiger*, Der „gebildete Durchschnittsmensch“ und der unbestimmte Rechtsbegriff, DVBl 1968, S. 481, 483; *Spitaler - Paulick*, in: Hübschmann - Hepp - Spitaler, AO (1951/68), § 171, Anm. 7; *Staudinger - Weber*, BGB (1961), § 242, Anm. A 727; *Wolff*, Verwaltungsrecht I (1971), S. 179 i. V. m. S. 178; ebenso *Steinberg*, Zumutbarkeit, BB 1968, S. 433, 436 f., der diese Ansicht als allgemeine Auffassung bezeichnet.

[56] Diese Ausdrücke hat als erster *Heck*, Begriffsbildung und Interessenjurisprudenz, Tübingen 1932, S. 60 allgemein im Zusammenhang mit Rechtsbegriffen verwandt; ähnliche Ausdrücke gebraucht *derselbe*, Gesetzesauslegung und Interessenjurisprudenz, AcP Bd. 112 (1914), 1, 173 („Bedeutungskern“ und „Bedeutungshof“); der Sache nach auch schon *Jellinek*, Gesetz (1913), S. 37 für unbestimmte Begriffe.

[57] *Engisch*, Einführung (1964), S. 108; *Enneccerus - Nipperdey*, Allgemeiner Teil (1959), S. 308 f.; *Jesch*, Unbestimmter Rechtsbegriff und Ermessen in rechtstheoretischer und verfassungsrechtlicher Sicht, AöR Bd. 82 (1957), S. 163, 177; *Müller-Tochtermann*, Der unbestimmte Rechtsbegriff — logisch unhaltbar oder sinnvoll? NJW 1962, S. 1238, 1239; OVG Lüneburg, DVBl 1958, S. 837, 838, Urt. v. 22. 8. 1958; a. M. *Czermak*, Verwaltungsgerichtliche Nachprüfbarkeit der unbestimmten Rechtsbegriffe, NJW 1961, S. 1905, 1906 u. a.

[58] *Engisch*, Einführung (1964), S. 108; auch *Jesch*, Unbestimmter Rechtsbegriff, AöR Bd. 82 (1957), S. 163, 176.

[59] *Enneccerus - Nipperdey*, Allgemeiner Teil (1959), S. 308 f.; auch *Jesch*, Unbestimmter Rechtsbegriff, AöR Bd. 82 (1957), S. 163, 177 f.

[60] So *Henkel*, Zumutbarkeit, in: Festschrift für Mezger (1954), S. 249, 304 i. V. m. S. 303 und 305; ähnlich *derselbe*, Individualität, (1958), S. 36; *Roxin*, Täterschaft und Tatherrschaft, Hamburger Rechtsstudien, Heft 50, 2. Aufl., Hamburg 1967, S. 115 und *derselbe*, Unfallflucht, NJW 1969, S. 2038, 2040.

[61] s. o. C. III.; gegen die Meinung von der Inhaltlosigkeit der Unzumutbarkeit auch *Staudinger - Weber*, BGB (1961), § 242, Anm. B 127, S. 463.

kürzte Wiedergabe eines Gedankeninhaltes bedeutet, mithin allen Begriffen ein Inhalt zukommt. Folgerichtigerweise wird verschiedentlich ausdrücklich vom Inhalt unbestimmter Rechtsbegriffe gesprochen[62].

VI. (Un-)Zumutbarkeit und Rechtssicherheit

Auszugehen ist von einem Vorwurf, den der Bundesgerichtshof[63] dem Begriff der Zumutbarkeit — entsprechendes müßte für die Unzumutbarkeit gelten — im Zusammenhang mit der Rechtssicherheit macht. Er meint, die Zumutbarkeit sei ein so farbloser und dehnbarer Begriff, biete so wenig einen greifbaren und von allen auch nur übereinstimmend zu erkennenden und zu handhabenden materialen Wertungsmaßstab, daß seine Verwendung zu den größten und auf keine Weise zu verhütenden Ungleichheiten und Verschiedenheiten führen müsse, was mit der Rechtssicherheit nicht vereinbar sei[64].

Diesen Bedenken ist zunächst einmal entgegenzuhalten, daß ein Wertungsmaßstab, der von allen übereinstimmend erkannt und gehandhabt werden kann, nicht vorstellbar ist[65]. Das erklärt sich schon daraus, daß selbst bestimmte Rechtsbegriffe einen Begriffshof aufweisen, über dessen Inhalt Unklarheit herrscht[66]. Demzufolge können die Forderung des Bundesgerichtshofs nach einem für alle unmißverständlichen Wertungsmaßstab nicht nur die (Un-)Zumutbarkeit und andere unbestimmte Rechtsbegriffe nicht erfüllen, sondern selbst bestimmte Rechtsbegriffe nicht. Ein Grund, die (Un-)Zumutbarkeit gerade wegen ihrer mangelnden Eindeutigkeit abzulehnen, ist daher angesichts der auch bei anderen Begriffen auftretenden inhaltlichen Unsicherheit nicht überzeugend. Was die angebliche Dehnbarkeit und die damit einhergehende Farblosigkeit der (Un-)Zumutbarkeit betrifft, so handelt es sich bei dieser Kennzeichnung ebenfalls nicht um eine Besonderheit der (Un-)

---

[62] *Engisch*, Einführung (1964), S. 108; *Enneccerus - Nipperdey*, Allgemeiner Teil (1959), S. 308; *Erichsen*, Anmerkung zum Urteil des OVG Lüneburg v. 25. 3. 1964 (SchlHA 1964, S. 291), SchlHA 1965, S. 117, 118 u. a.

[63] BGHZ Bd. 6, S. 270, Beschl. des Großen Senats vom 10. 6. 1952.

[64] BGHZ Bd. 6, S. 270, 283; demgegenüber meinte *Goldschmidt*, Schuldbegriff, in: Festgabe für Frank, Bd. I (1930), S. 428, 454, aus der Anwendung des Begriffs der Unzumutbarkeit hätte sich keine Gefahr für die Rechtssicherheit ergeben.

[65] Ähnlich, wenngleich allgemeiner, insbesondere *Leenen*, Typus und Rechtsfindung, Schriften zur Rechtstheorie, Heft 26, Berlin 1971, S. 31 m. w. Nachw. in Fußn. 13; ferner *Jesch*, Gesetz und Verwaltung, 2. Aufl., Tübingen 1968, S. 225; auch *Wieacker*, Zur rechtstheoretischen Präzisierung des § 242 BGB, Recht und Staat, Hefte 193/194, Tübingen 1956, S. 14; BVerfGE Bd. 3, S. 225, 243, Urt. v. 18. 12. 1953.

[66] *Enneccerus - Nipperdey*, Allgemeiner Teil (1959), S. 308.

Zumutbarkeit, vielmehr läßt sich gleiches von allen unbestimmten[67] und sogar von bestimmten[68] Rechtsbegriffen sagen. Im übrigen können selbst anfänglich unbestimmte Rechtsbegriffe wie „Treu und Glauben"[69], „Gefahr" oder „Störung"[70] im Laufe der Zeit durch Rechtsprechung und Schrifttum weitgehend[71] bestimmt gemacht werden[72], was besonders eindrucksvoll an den zahlreichen Ableitungen aus Treu und Glauben, etwa der Lehre von der unzulässigen Rechtsausübung[73], der Verwirkung[74] und dem Wegfall der Geschäftsgrundlage[75] erkennbar wird. Solche Konkretisierungen zeigen, daß unbestimmte Rechtsbegriffe allmählich ihre Farblosigkeit und Dehnbarkeit einbüßen.

Eine ähnliche Entwicklung läßt sich für die (Un-)Zumutbarkeit vorhersehen, was die absoluten Umstände beweisen, die für die Unzumutbarkeit als typisch herangezogen wurden und diesem Begriff erste feste Konturen verleihen. Damit wird auch die Feststellung des Bundesgerichtshofs hinfällig, die (Un-)Zumutbarkeit biete einen nur wenig greifbaren Wertungsmaßstab.

Wenn dennoch — wie bei allen unbestimmten Rechtsbegriffen — ein Unsicherheitsfaktor bleibt[76], so muß dieser im Interesse der Gerechtigkeit, die wie die Rechtssicherheit ein Bestandteil des Rechtsstaats-

---

[67] Dazu *Jesch*, Unbestimmter Rechtsbegriff, AöR Bd. 82 (1957), S. 163, 234 f.; *Loening*, Die gesetzliche Koppelung von unbestimmten Rechtsbegriff und Ermessenstatbestand bei der Versagung und Entziehung von Begünstigungen, DVBl 1952, S. 197, 199; ferner *Engisch*, Einführung (1964), S. 108 sowie *Müller-Erzbach*, Relativität der Begriffe, Jher Jahrb Bd. 61 (1912), S. 343, 372 f. (für alle Begriffe) und S. 378.

[68] Im einzelnen dazu *Schmidt - Salzer*, Der Beurteilungsspielraum der Verwaltungsbehörden, Schriften zum Öffentlichen Recht, Bd. 74, Berlin 1968, S. 15 mit Fußn. 22.

[69] *Enneccerus - Nipperdey*, Allgemeiner Teil (1959), S. 308.

[70] *Wolff*, Verwaltungsrecht I (1971), S. 179 unter 2.

[71] Eine völlige Bestimmtheit ist dagegen ausgeschlossen (s. o. Fußn. 52 und insbes. *Leenen*, Rechtsfindung (1971), S. 31, *Schmidt - Salzer*, Beurteilungsspielraum, S. 15 f.; OVG Lüneburg, DVBl 1958, S. 837, 838, Urt. v. 22. 8. 1958) und auch nicht erstrebenswert, da andernfalls das Recht erstarren würde; in diese Richtung schon *Müller-Erzbach*, Relativität der Begriffe, Jher Jahrb Bd. 61 (1912), S. 343, 345, 350, 372.

[72] Dazu etwa *Maunz - Dürig*, in: Maunz - Dürig - Herzog, Grundgesetz, Bd. I, Lieferung 1 - 11, München 1970, Art. 20, Anm. 90; *Wolff*, Verwaltungsrecht I (1971), S. 179 unter 2; ferner *Drews - Wacke*, Polizeirecht (1961), S. 45; in diese Richtung allgemein auch *Jesch*, Unbestimmter Rechtsbegriff, AöR Bd. 82 (1957), S. 163, 183 sowie schon *Jellinek*, Gesetz (1913), S. 39; eine entsprechende Forderung stellte bereits *Rümelin*, Begriffsbildung (1878), S. 11 f. auf.

[73] z. B. *Staudinger - Weber*, BGB (1961), § 242, Anm. D 35.

[74] z. B. *Soergel - Siebert - Knopp*, BGB (1967), § 242, Anm. 281.

[75] z. B. *Staudinger - Weber*, BGB (1961), § 242, Anm. E 243.

[76] *Bachof*, Begriff und Wesen des sozialen Rechtsstaates, VVDStRL Bd. 12 (1954), S. 37, 68.

prinzips ist[77], hingenommen werden[78], denn gerade unbestimmte Rechtsbegriffe ermöglichen eine gerechte Anpassung des abstrakten Gesetzes an die jeweiligen Umstände des Einzelfalles[79]. Das wird besonders deutlich bei der (Un-)Zumutbarkeit, die als Individualisierungsgebot[80] die starre Anordnung von öffentlich-rechtlichen Pflichten dadurch auflockert, daß sie zu einer Berücksichtigung der Person des Pflichtigen und der bei ihm vorgefundenen persönlichen Umstände führt[81]. Ein in Bezug auf die (Un-)Zumutbarkeit verbleibender Widerstreit zwischen der Rechtssicherheit und der Gerechtigkeit muß nach alledem zugunsten der letzteren entschieden werden[82].

---

[77] So u. a. *Bachof*, Begriff, VVDStRL Bd. 12 (1954), S. 37, 39 und 80; *Maunz*, Staatsrecht (1969), S. 70; BVerfGE Bd. 7, S. 89, 92, Beschl. v. 24. 7. 1957, Bd. 7, S. 194, 196, Beschl. v. 12. 12. 1957, Bd. 25, S. 269, 290, Beschl. v. 26. 2. 1969.

[78] Ganz ähnlich *Henkel*, Zumutbarkeit, in: Festschrift für Mezger (1954), S. 249, 309.

[79] In diesem Sinn z. B. *Henkel*, Zumutbarkeit, in: Festschrift für Mezger (1954), S. 249, 267, Fußn. 2 von S. 266, auch S. 261; *Jesch*, Unbestimmter Rechtsbegriff, AöR Bd. 82 (1957), S. 163, 240; *Schweiger*, Rechtsbegriff, DVBl 1968, S. 481, 485 und *Wolff*, Verwaltungsrecht I (1971), S. 180; BVerfGE Bd. 3, S. 225, 243, Urt. v. 18. 12. 1953, Bd. 13, S. 153, 162, auch S. 161, Beschl. v. 10. 10. 1961; einschränkend *Schmidt-Salzer*, Beurteilungsspielraum (1968), S. 19 f.

[80] s. o. C. II.

[81] s. o. C. II. und C. III.

[82] Ebenso allgemein *Steinberg*, Zumutbarkeit, BB 1968, S. 433, 434 und für die Zumutbarkeit *Buche*, Zumutbarkeit, SchlHA 1969, S. 172, 173; auch *Arndt*, Die Nichtigkeit verfassungswidriger Gesetze, DÖV 1959, S. 81, 83 unter 4., der meint, der Gesichtspunkt der Rechtssicherheit sei mit dem Gerechtigkeitsprinzip schwerlich vereinbar; vermittelnd *Coing*, Rechtsphilosophie (1969), S. 146, Fußn. 17 und *Henkel*, Rechtsphilosophie (1964), S. 348; a. M. *Hamann - Lenz*, Grundgesetz (1970), Einführung D 1 A 4, S. 57; gegen diese *Brinkmann*, Grundrechts-Kommentar zum Grundgesetz, Bonn 1967, Art. 20, Anm. I 10 a (S. 35) und Art. 3, Anm. I 2 b (S. 5); zurückhaltend BVerfGE Bd. 3, S. 225, 237 f., Urt. v. 18. 12. 1953, Bd. 7, S. 194, 196, Beschl. v. 12. 12. 1957; Bd. 15, S. 313, 319 f., Beschl. v. 14. 3. 1963, Bd. 22, S. 322, 329, Beschl. v. 8. 11. 1967, Bd. 25, S. 269, 290 f., Beschl. v. 26. 2. 1969 u. a., wonach es Aufgabe des Gesetzgebers sei, einen Widerstreit zwischen der Rechtssicherheit und der Gerechtigkeit zu entscheiden, zustimmend *Klein*, in: Schmidt-Bleibtreu - Klein, Grundgesetz (1969), Art. 2, Anm. 18.

D. Begründung der Pflichtengrenze der (Un-)Zumutbarkeit

Die unterschiedlichen Begründungen, die sich in Rechtsprechung und Schrifttum für eine Pflichtengrenze der (Un-)Zumutbarkeit fanden[1], werfen die Frage auf, ob sich aus jenen Gesichtspunkten die Beschränkung öffentlich-rechtlicher Pflichten entnehmen läßt und gegebenenfalls aus welchen. Daher wird im folgenden zu prüfen sein, ob sich die Pflichtengrenze der (Un-)Zumutbarkeit aus dem Übermaßverbot ergibt (s. u. I.), als allgemeiner Rechtsgrundsatz festgestellt (s. u. II.) oder dem Gesichtspunkt der clausula rebus sic stantibus entnommen werden kann (s. u. III.) oder sich schließlich aus dem Grundsatz von Treu und Glauben und § 242 BGB ableiten läßt (s. u. IV.).

I. Übermaßverbot als Begründung

Der Ausdruck Übermaßverbot hat sich eingebürgert als Oberbegriff für die Grundsätze der Erforderlichkeit und Verhältnismäßigkeit[2]. Dementsprechend soll getrennt untersucht werden, ob die Pflichtengrenze der (Un-)Zumutbarkeit auf den Grundsatz der Erforderlichkeit oder den Grundsatz der Verhältnismäßigkeit gestützt werden kann.

1. Grundsatz der Erforderlichkeit als Begründung

Unter dem Grundsatz der Erforderlichkeit (oder Notwendigkeit[3]) versteht man, daß die staatliche Gewalt unter mehreren geeigneten Mitteln[4] dasjenige auszuwählen hat, welches den einzelnen und die Allgemeinheit am wenigsten beeinträchtigt[5]. Kennzeichnend für den Grund-

---

[1] s. o. B. IV. mit Rückverweisungen.

[2] *Lerche*, Übermaß und Verfassungsrecht, Köln usw. 1961, S. 21; *Wolff*, Verwaltungsrecht I (1971), S. 170 u. a.

[3] Zur alternativen Verwendung der Notwendigkeit neben dem der Erforderlichkeit z. B. *Lerche*, Übermaß (1961), S. 19 und BVerwGE Bd. 30, S. 313, 316, Urt. v. 25. 10. 1968.

[4] Zur Geeignetheit eines Mittels z. B. *Gentz*, Zur Verhältnismäßigkeit von Grundrechtseingriffen, NJW 1968, S. 1600, 1603.

[5] So u. a. *Bender*, Verhältnismäßigkeit und Vermeidbarkeit des Verwaltungshandelns, NJW 1955, S. 938; *derselbe*, Anmerkung zum Urteil des OVG Lüneburg vom 25. 10. 1956 (DVBl 1957, S. 275), DVBl 1957, S. 278, 280; *Friauf*, Polizei- und Ordnungsrecht (1970), S. 165; *Götz*, Allgemeines Polizei- und Ordnungsrecht, Göttingen 1970, S. 65; ähnlich *Wolff*, Verwaltungsrecht III,

satz der Erforderlichkeit ist demnach die Auswahl eines einzigen[6] Mittels aus dem Kreis mehrerer geeigneter Mittel nach der geringsten Beeinträchtigung, wobei dieses Kriterium nicht allein auf den Betroffenen bezogen wird, sondern zusätzlich auf die Allgemeinheit. Daraus ergeben sich mehrere Unterschiede zur Pflichtengrenze der (Un-)Zumutbarkeit.

Die von Rechtsprechung und Schrifttum gebrauchte Pflichtengrenze der (Un-)Zumutbarkeit beinhaltet, daß eine öffentlich-rechtliche Pflicht nur so weit reicht, als sie dem Pflichtigen zumutbar ist. Es geht bei ihr mithin von vornherein nur um eine einzige öffentlich-rechtliche Pflicht und deren Zumutbarkeit für den Betroffenen, nicht dagegen um mehrere Pflichten und die Wahl der mildesten Pflicht, was entscheidend wäre, wenn man den Grundsatz der Erforderlichkeit konsequent auf öffentlich-rechtliche Pflichten übertrüge.

Beschränkt man den Grundsatz der Erforderlichkeit — wie die Pflichtengrenze der (Un-)Zumutbarkeit — auf eine einzige öffentlich-rechtliche Pflicht und erblickt in dieser ein Mittel im Sinne des genannten Grundsatzes, dann erweist er sich als nicht funktionsfähig. Ist nämlich nur ein einziges Mittel auf seine Erforderlichkeit zu überprüfen, so scheidet eine Auswahl unter mehreren Mitteln von Anfang an mit der Folge aus, daß das mildeste und damit erforderliche Mittel gar nicht festgestellt werden kann.

Diese Erkenntnis sei an einem Beispiel verdeutlicht. Eine Operation eines Beamten, der er sich auf Grund seiner Gehorsamspflicht unterziehen soll[7], kann das einzige geeignete Mittel sein, um seine Dienstfähigkeit wiederherzustellen. Beeinträchtigungen des Beamten durch diese Operation können zwar durch die Pflichtengrenze der (Un-)Zumutbarkeit berücksichtigt werden[8], nicht dagegen durch den Grundsatz der Erforderlichkeit, der hier wegen der fehlenden Auswahlmöglichkeit unter mehreren geeigneten Mitteln nicht bewirkt, die Operation in ihrer belastenden Auswirkung auf den betroffenen Beamten zu untersuchen.

Selbst wenn es nach dem Grundsatz der Erforderlichkeit darauf ankäme, nicht die mildeste Pflicht, sondern die mildeste Erfüllung einer Pflicht unter mehreren „Erfüllungsmitteln" aufzufinden, wiche er von

---

2. Aufl., München und Berlin 1967, S. 143. Ferner *Dahlinger*, Gilt der Grundsatz der Verhältnismäßigkeit auch im Bereich der Leistungsverwaltung? DÖV 1966, S. 818, der aber unerwähnt läßt, für wen das Mittel am wenigsten beeinträchtigend sein soll; ebenso *Lerche*, Übermaß (1961), S. 19. Aus der Rechtsprechung z. B. OVG Lüneburg VerwRspr Bd. 16, S. 661, 663, Urt. v. 17. 10. 1963 und VGH Baden-Württemberg ESVGH Bd. 7, S. 41, 43, Urt. v. 7. 2. 1957.

[6] Zutreffend *Lerche*, Übermaß (1961), S. 21.

[7] s. o. unter B. II. 4.

[8] s. o. B. II. 4.

der Pflichtengrenze der (Un-)Zumutbarkeit ab, die nicht nach der mildesten, auch nicht nach der zumutbarsten Erfüllung einer öffentlich-rechtlichen Pflicht fragt, sondern sich damit begnügt, daß die Erfüllung schlicht zumutbar ist.

Ein letzter Unterschied zwischen dem Grundsatz der Erforderlichkeit und der Pflichtengrenze der (Un-)Zumutbarkeit ist darin zu erblicken, daß beide verschiedene Maßstäbe verwenden. Während die Erforderlichkeit eines Mittels am Betroffenen *und* der Allgemeinheit gemessen wird, kommt es für die (Un-)Zumutbarkeit wegen der Subjektbezogenheit dieses Begriffes[9] allein auf die Person der Pflichtigen an. Das führt dazu, daß Maßnahmen denkbar sind, die ohne Rücksicht auf die Allgemeinheit dem einzelnen allein unzumutbar, für den einzelnen *und* die Allgemeinheit dagegen erforderlich sind und umgekehrt.

So können Überstunden, zu denen der Beamte nach § 72 Abs. 2 S. 1 BBG verpflichtet ist, ihm bereits unzumutbar sein, während sie — stellt man nicht auf ihn allein, sondern zusätzlich auf die Beeinträchtigung der Allgemeinheit ab — erforderlich sein können, etwa weil ohne Überstunden der Arbeitsrückstand zu groß würde oder der Arbeitsanfall nur durch Schaffung neuer Planstellen bewältigt werden könnte, was mit Kosten für die Allgemeinheit verbunden wäre[10].

Nach alledem kann festgestellt werden, daß sich die Pflichtengrenze der (Un-)Zumutbarkeit von dem Grundsatz der Erforderlichkeit mehrfach unterscheidet[11]. Folglich kann mit dem Grundsatz der Erforderlichkeit auch nicht die Pflichtengrenze der (Un-)Zumutbarkeit begründet werden.

2. Grundsatz der Verhältnismäßigkeit als Begründung

Der Grundsatz der Verhältnismäßigkeit verlangt nach landläufiger Definition, daß ein erforderliches Mittel nicht erkennbar (offensichtlich) außer Verhältnis zu dem zu erreichenden Zweck steht[12]. Teilweise wird

---

[9] s. o. unter C. I. a. E.

[10] Dazu auch *Wolff*, Verwaltungsrecht I (1971), S. 170 f., wonach zum Übermaßverbot, darunter dem Grundsatz der Erforderlichkeit, auch die Gebote der Sparsamkeit und Wirtschaftlichkeit gehören.

[11] Im Ergebnis ebenso *v. Krauss*, Der Grundsatz der Verhältnismäßigkeit, Abhandlungen aus dem Seminar für Öffentliches Recht, Heft 44, Hamburg 1955, S. 89, der meint, beim Grundsatz der Erforderlichkeit sei für Erwägungen der Zumutbarkeit kein Raum.

[12] So etwa *Bachof*, Verfassungsrecht, Verwaltungsrecht, Verfahrensrecht in der Rechtsprechung des Bundesverwaltungsgerichts, Bd. II, Tübingen 1967, S. 300; *Bender*, Anmerkung, DVBl 1957, S. 278, 280; *Dahlinger*, Verhältnismäßigkeit, DÖV 1966, S. 818; *Friauf*, Polizei- und Ordnungsrecht (1970), S. 165; *Gentz*, Verhältnismäßigkeit, NJW 1968, S. 1600, 1604; *Götz*, Polizei- und Ordnungsrecht (1970), S. 65; *Ule - Rasch*, Allgemeines Polizei- und Ordnungsrecht, in: Verwaltungsgesetze des Bundes und der Länder (neu herausgegeben von Ule), Bd. III, 1. Halbbd., Köln usw. 1965, § 41 PVG, Anm. 19; *Wolff*, Verwaltungsrecht III (1967), S. 143.

auch von dem Grundsatz der Angemessenheit gesprochen[13] und gesagt, das Verhältnis zwischen Mittel und Zweck müsse „angemessen"[14] oder dürfe „nicht unangemessen" sein[15].

Aus diesem Verständnis des Grundsatzes der Verhältnismäßigkeit ergibt sich für diesen zunächst, daß Mittel und Zweck zueinander in Beziehung zu setzen sind[16]. Insoweit ist der Grundsatz der Verhältnismäßigkeit lediglich formal und drückt nichts anderes aus als die Zweckgebundenheit staatlicher Maßnahmen[17].

Anders verhält es sich mit der (Un-)Zumutbarkeit. Sie bringt nicht zwei Größen in eine Relation, insbesondere stellt sie nicht ein Verhältnis von Mittel und Zweck her[18]. Vielmehr setzt sie — ohne selbst zu einer verhältnismäßigen Größe zu werden — als Wertungsmaßstab eine Beziehung bereits voraus[19], die sich zudem noch von der zwischen Mittel und Zweck unterscheidet.

Der (Un-)Zumutbarkeit liegt nämlich — bezogen auf das Thema dieser Arbeit — das Verhältnis einer öffentlich-rechtlichen Pflicht zu der Person des Pflichtigen zugrunde[20]. Stellt man die beiden Elemente dieser Beziehung denen des Grundsatzes der Verhältnismäßigkeit gegenüber, so kann man zwar die öffentlich-rechtliche Pflicht als Mittel begreifen, nicht jedoch läßt sich die Person des Pflichtigen mit dem (durch das Mittel verfolgten) Zweck gleichsetzen.

Daraus wird zudem ersichtlich, daß der Grundsatz der Verhältnismäßigkeit und die (Un-)Zumutbarkeit von einer verschiedenen Sicht ausgehen. Während der Grundsatz der Verhältnismäßigkeit das Mittel aus dem Blickwinkel seines Zweckes betrachtet[21], wertet die (Un-)Zumutbarkeit eine Pflicht in Bezug auf eine Person.

---

[13] So von *Wolff*, Verwaltungsrecht III (1967), S. 143.

[14] Von Angemessenheit sprechen in diesem Zusammenhang etwa *Hangartner*, Widerruf und Änderung von Verwaltungsakten aus nachträglich eingetretenen Gründen, Veröffentlichungen der Handels-Hochschule St. Gallen, Heft 56, Zürich und St. Gallen 1959, S. 67 und *Steinberg*, Zumutbarkeit, BB 1968, S. 433, 436.

[15] So *Isensee*, Subsidiaritätsprinzip (1968), S. 88; *Lerche*, Übermaß (1961), S. 19.

[16] Ähnlich *v. Krauss*, Verhältnismäßigkeit (1955), S. 14; *Gentz*, Verhältnismäßigkeit, NJW 1968, S. 1600, 1601.

[17] *Henkel*, Rechtsphilosophie (1964), S. 216 f.; *Krüger*, Allgemeine Staatslehre, 2. Aufl., Stuttgart usw. 1966, S. 834 f.; auch *Coing*, Rechtsphilosophie (1969), S. 216 f.

[18] Ähnlich eindeutig lediglich *Tipke*, Rechtsstaat (1968), S. 100 und *Tipke - Kruse*, AO (1965/72), § 170, Anm. 5, S. 553, § 175, Anm. 6, S. 569, § 202, Anm. 14, S. 630.

[19] s. o. unter C. I.

[20] s. o. unter C. I. a. E.

[21] *Rupp*, Beweisverbote im Strafprozeß in verfassungsrechtlicher Sicht, in: Verhandlungen des 46. Deutschen Juristentages (1966), Bd. I, Teil 3 A, München und Berlin 1966, S. 165, 194.

Die genannten Unterschiede werden nicht dadurch verwischt, daß man — wie das vereinzelt geschieht[22] — die (Un-)Zumutbarkeit als Maßstab für das Verhältnis von Mittel und Zweck heranzieht. Diese Ansicht führt nicht zu einer Gleichsetzung der (Un-)Zumutbarkeit mit dem Grundsatz der Verhältnismäßigkeit, vielmehr wird der Maßstab der (Un-)Zumutbarkeit lediglich als eigenständiger Gesichtspunkt diesem Prinzip einverleibt und zu einem Teilstück desselben gemacht, um die von dem Grundsatz — und nicht von der (Un-)Zumutbarkeit — gestellte Frage zu beantworten, wann das rechte Verhältnis zwischen Mittel und Zweck gewahrt ist.

Im übrigen ist die (Un-)Zumutbarkeit auch ungeeignet, einen Maßstab für das Verhältnis von Mittel und Zweck abzugeben. Sie ist wegen ihrer Subjektbezogenheit[23] nur brauchbar für eine Wertung, die sich auf eine Person ausrichtet. Daher vermag die (Un-)Zumutbarkeit zwar über die Beziehung eines Verlangens gegenüber einer Person etwas auszusagen, nichts dagegen über das Verhältnis eines Mittels zu seinem damit verfolgten Zweck. Die (Un-)Zumutbarkeit erlaubt es demnach nicht, ein Mittel mit seinem Zweck zu vergleichen. Auf einen derartigen Vergleich kommt es aber für den Grundsatz der Verhältnismäßigkeit gerade an[24], denn anders läßt sich nicht beurteilen, ob das Verhältnis von Mittel und Zweck beispielsweise „angemessen" ist.

Das alles läßt erkennen, daß die (Un-)Zumutbarkeit und der Grundsatz der Verhältnismäßigkeit insoweit keine Gemeinsamkeiten aufweisen. Es ist daher unzutreffend, wenn der Grundsatz der Verhältnismäßigkeit vereinzelt als „Verbot unzumutbarer Belastung" verstanden wird[25].

Ein weiterer Unterschied könnte hinzukommen. *Isensee* sagt vom Grundsatz der Verhältnismäßigkeit, er setze einen Maßstab voraus, der

---

[22] So ausdrücklich *Haas*, System der öffentlich-rechtlichen Entschädigungspflichten, Karlsruhe 1955, S. 27, auch S. 25; ähnlich BayObLG BayVBl 1963, S. 93, Urt. v. 6. 12. 1962, das die Frage der Zumutbarkeit bei der durch den Grundsatz der Verhältnismäßigkeit gebotenen Abwägung von Mittel und Zweck berücksichtigt; wohl auch *Herschel*, Zumutbarkeit, ArbuR 1968, S. 193, 196, der meint, daß im Zusammenhang mit dem Verhältnismäßigkeitsgrundsatz die Prüfung der Zumutbarkeit von ausschlaggebender Bedeutung sei.

[23] s. o. unter C. I. a. E.

[24] Ähnlich *v. Krauss*, Verhältnismäßigkeit (1955), S. 14.

[25] So von *Bettermann - Loh*, Verfassungsrechtliche Bedenken gegen die Besteuerung von Altkontrakten durch das Absicherungsgesetz, BB 1969, S. 70, 72; ganz ähnlich *Erichsen*, Baudispens und Übermaßverbot, DVBl 1967, S. 269, 270; auch *Isensee*, Subsidiaritätsprinzip (1968), S. 91 im Widerspruch zu S. 311, wo er von den „Rechtsgedanken" der Zumutbarkeit und des Übermaßverbotes spricht und darunter — wie der Gebrauch des Wortes „Rechtsgedanken" im Plural erkennen läßt — nicht ein und dasselbe versteht; a. M. wohl — allerdings ganz allgemein ohne Erwähnung der (Un-) Zumutbarkeit — BVerwGE Bd. 30, S. 313, 316 f., Urt. v. 25. 10. 1968, wonach sich aus dem Grundsatz der Verhältnismäßigkeit nicht ein Gebot zu einem Mindestmaß staatlicher Eingriffshandlungen herleiten lasse.

Zweck und Mittel umgreife und die Relation erkennen lasse, was „angemessener" sei[26]. Träfe diese Ansicht zu, so unterschiede sich der Grundsatz der Verhältnismäßigkeit von der (Un-)Zumutbarkeit zusätzlich dadurch, daß er für sich genommen maßstabslos wäre, wohingegen die (Un-)Zumutbarkeit gerade einen Maßstab darstellt.

Diesem Verständnis des Grundsatzes der Verhältnismäßigkeit kann nicht gefolgt werden. Die von *Isensee* für seine Auffassung angeführten[27] Stellungnahmen erörtern entweder gar nicht den Grundsatz der Verhältnismäßigkeit[28] oder besagen lediglich, das Verhältnismäßigkeitsprinzip sei ohne einen Mittel wie Zweck umspannenden Maßstab nicht verwertbar[29]. Dieser Erkenntnis trägt der Grundsatz der Verhältnismäßigkeit aber bereits dadurch Rechnung, daß er — wie die eingangs wiedergegebene Begriffsbestimmung deutlich macht — sich nicht auf die Aussage der Zweckbindung staatlicher Maßnahmen beschränkt, sondern zugleich einen Maßstab aufstellt und einschließt, um Mittel und Zweck in ihrer Relation dahin zu messen[30], ob die Beziehung beider Faktoren „angemessen", „nicht unangemessen" oder „nicht erkennbar (offensichtlich) außer Verhältnis" ist. Der Maßstab beispielsweise der (Un-)Angemessenheit ist aber ein anderer als der der (Un-)Zumutbarkeit. Damit erweist sich erneut die Verschiedenheit des Grundsatzes der Verhältnismäßigkeit von der (Un-)Zumutbarkeit.

Zusammenfassend lassen sich die Unterschiede zwischen dem Grundsatz der Verhältnismäßigkeit und der (Un-)Zumutbarkeit folgendermaßen darstellen: Die (Un-)Zumutbarkeit ist keine verhältnismäßige Größe, sondern allein ein Wertungsmaßstab. Das Objekt dieser Wertung ist der (Un-)Zumutbarkeit vorgegeben; es ist die Beziehung zwischen einem Verlangen (einer Pflicht) und einer Person (einem Pflichtigen).

Im Gegensatz dazu führt der Grundsatz der Verhältnismäßigkeit erst eine Beziehung — zwischen Mittel und Zweck — herbei, die zudem eine andere ist als die von der (Un-)Zumutbarkeit vorausgesetzte. Zugleich enthält das Verhältnismäßigkeitsprinzip einen Wertungsmaßstab, der — wie etwa die (Un-)Angemessenheit — von dem der (Un-)Zumutbarkeit abweicht.

Ob auch die Rechtsprechung des Bundesverfassungsgerichts die aufgezeigten Verschiedenheiten erkennt, läßt sich nicht mit Sicherheit

[26] So ausdrücklich *Isensee*, Subsidiaritätsprinzip (1968), S. 91.

[27] Subsidiaritätsprinzip (1968), S. 91, Fußn. 14.

[28] So *Schnur*, Pressefreiheit, VVDStRL Bd. 22 (1965), S. 101, 133, Fußn. 83, der a.a.O. den Grundsatz der Erforderlichkeit im Auge hat.

[29] So *Lerche*, Übermaß (1961), S. 19; ihm folgend *Menger - Erichsen*, Höchstrichterliche Rechtsprechung zum Verwaltungsrecht, VerwArch Bd. 57 (1966), S. 175, 177, von *Isensee* (Fußn. 26) nicht erwähnt; ähnlich *v. Krauss*, Verhältnismäßigkeit (1955), S. 14.

[30] Ebenso *Lerche*, Übermaß (1961), S. 22.

sagen. Fest steht, daß in einem Beschluß aus dem Jahre 1967[31] die (Un-)Zumutbarkeit an mehreren Stellen mit dem Grundsatz der Verhältnismäßigkeit vermengt wird. Das Gericht legt zunächst den Grundsatz der Verhältnismäßigkeit im Sinne der obigen[32] Begriffsbestimmung fest, wenn es in Bezug auf den Fall ausführt, das Mittel der Anbaubeschränkungen im Weinbau müsse in rechtem Verhältnis zu der Schwere der den Eigentümer treffenden Einschränkung seiner Dispositionsfreiheit stehen[33]. Im Anschluß daran meint es, dem Grundsatz der Verhältnismäßigkeit sei „also" mit anderen Worten dann entsprochen, wenn die Regelung für den Eigentümer zumutbar sei[34]. Dieser Gleichsetzung beider Gesichtspunkte folgend untersucht das Bundesverfassungsgericht danach die „Frage der Zumutbarkeit des Mittels"[35] mit dem Ergebnis, daß es den Grundsatz der Verhältnismäßigkeit als gewahrt ansieht[36].

Dem erörterten Beschluß stehen andere Entscheidungen des Bundesverfassungsgerichts entgegen, in denen die Frage der (Un-)Zumutbarkeit losgelöst vom Grundsatz der Verhältnismäßigkeit behandelt wird, so wenn es im Apotheken-Urteil[37] heißt, der Grundrechtsschutz beschränke sich bei Berufsausübungsregelungen „auf die Abwehr in sich verfassungswidriger, weil etwa übermäßig belastender *und*[38] nicht zumutbarer gesetzlicher Auflagen"[39] oder wenn im Werkfernverkehr-Urteil[40] — das sich mit der verfassungsrechtlichen Überprüfung wirtschaftslenkender Steuernormen auseinandersetzt — die „Eignung und Verhältnismäßigkeit des Mittels" neben den Gesichtspunkt der „Zumutbarkeit des Eingriffs" gestellt wird[41].

Auch der Hebammen-Beschluß[42] kann dahin verstanden werden, daß das Gericht die Zumutbarkeit als eigenständig gegenüber dem Grund-

[31] BVerfGE Bd. 21, S. 150, Beschl. v. 14. 2. 1967.

[32] Vgl. die Ausführungen bei Fußn. 12.

[33] BVerfGE Bd. 21, S. 150, 156, anders wieder S. 155, wo das Gericht den Grundsatz der Verhältnismäßigkeit als Oberbegriff für die Grundsätze der Geeignetheit, Erforderlichkeit (Notwendigkeit) und Verhältnismäßigkeit gebraucht.

[34] BVerfGE Bd. 21, S. 150, 156.

[35] BVerfGE Bd. 21, S. 150, 158 f.

[36] BVerfGE Bd. 21, S. 150, 160.

[37] BVerfGE Bd. 7, S. 377, Urt. v. 11. 6. 1958.

[38] Hervorhebung vom Verf.

[39] BVerfGE Bd. 7, S. 377, 406, wiederholt in Bd. 14, S. 19, 22, Urt. v. 21. 2. 1962, in Bezug genommen in Bd. 10, S. 55, 59, Beschl. v. 14. 7. 1959, Bd. 13, S. 97, 113, Beschl. v. 17. 7. 1961, Bd. 14, S. 19, 22, Urt. v. 21. 2. 1962, Bd. 18, S. 353, 362, Beschl. v. 16. 2. 1965, Bd. 23, S. 50, 60, Beschl. v. 23. 1. 1968, ferner Bd. 26, S. 215, 228, Beschl. v. 19. 6. 1969.

[40] BVerfGE Bd. 16, S. 147, Urt. v. 22. 5. 1963.

[41] BVerfGE Bd. 16, S. 147, 162.

[42] BVerfGE Bd. 9, S. 338, Beschl. v. 16. 6. 1959.

satz der Verhältnismäßigkeit begreift, wenn es ausführt, der Eingriff (durch die Einführung der Altersgrenze für Hebammen) überschreite „nicht die Grenzen der grundrechtlich gebotenen Verhältnismäßigkeit *und*[43] Zumutbarkeit"[44]. Somit trennt das Bundesverfassungsgericht zumindest sprachlich die (Un-)Zumutbarkeit vom Grundsatz der Verhältnismäßigkeit.

Ob es auch sachlich die beiden Gesichtspunkte auseinander gehalten wissen will, kann demgegenüber den angeführten Entscheidungen nicht eindeutig entnommen werden. Was das eben behandelte Apotheken-Urteil[45] des Bundesverfassungsgerichts betrifft, das von „übermäßig belastenden und nicht zumutbaren gesetzlichen Auflagen" spricht[46], so kann diese Aussage als Erläuterung der zuvor[47] der Sache nach erwähnten Grundsätze der Erforderlichkeit und Verhältnismäßigkeit aufgefaßt werden. Ebensogut kann das Gericht mit der übermäßigen Belastung das Verbot des Übermaßes im Sinne des Grundsatzes der Verhältnismäßigkeit von Mittel und Zweck[48] im Auge haben, neben den es die (Un-)Zumutbarkeit als einen davon unabhängigen Gesichtspunkt stellt. Denkbar ist auch, daß das Gericht das Übermaßverbot mit dem Grundsatz der Erforderlichkeit gleichsetzen will[49], so daß die (Un-)Zumutbarkeit verbleibt, um den Grundsatz der Verhältnismäßigkeit oder auch einen davon zu trennenden zusätzlichen Gesichtspunkt zu kennzeichnen. Ähnlicher Auslegung fähig sind das Werkfernverkehr-Urteil[50] und der Hebammen-Beschluß[51].

Die Rechtsprechung anderer Gerichte kann dahin gedeutet werden, daß sie den Gesichtspunkt der (Un-)Zumutbarkeit vom Grundsatz der Verhältnismäßigkeit unterscheidet. Hervorzuheben ist ein Urteil des Bayerischen Obersten Landesgerichts[52], das[53] von den „Grundsätzen der

[43] Hervorhebung vom Verf.

[44] BVerfGE Bd. 9, S. 338, 346; wohl anders wieder S. 347, wo das BVerfG die Zumutbarkeit mit der Verhältnismäßigkeit in Verbindung bringt.

[45] BVerfGE Bd. 7, S. 377, Urt. v. 11. 6. 1958.

[46] BVerfGE Bd. 7, S. 377, 406.

[47] BVerfGE Bd. 7, S. 377, 405.

[48] So versteht BVerfGE Bd. 15, S. 226, 234, Beschl. v. 19. 12. 1962 das Verbot des Übermaßes, desgleichen etwa BVerwGE Bd. 30, S. 313, 316, Urt. v. 25. 10. 1968, das ausdrücklich hervorhebt, daß der Grundsatz der Verhältnismäßigkeit gleichbedeutend mit dem Übermaßverbot sei; von einer inhaltlichen Verwandtschaft des Grundsatzes der Verhältnismäßigkeit mit dem Übermaßverbot sprechen *Tipke - Kruse*, AO (1965/72), § 2 StAnpG, Anm. 29.

[49] So begreift *Hangartner*, Widerruf (1959), S. 68 die ältere Lehre zum Grundsatz der Verhältnismäßigkeit.

[50] BVerfGE Bd. 16, S. 147, Urt. v. 22. 5. 1963.

[51] BVerfGE Bd. 9, S. 338, Beschl. v. 16. 6. 1959.

[52] BayObLSt 1962, S. 289, Urt. v. 6. 12. 1962.

[53] — unter Bezugnahme auf den oben erwähnten Hebammen-Beschluß v. 16. 6. 1959, BVerfGE Bd. 9, S. 338, 346 —.

Verhältnismäßigkeit *und*[54] Zumutbarkeit"[55] spricht[56], wobei es den Grundsatz der Verhältnismäßigkeit von vornherein im hier gebrauchten Sinn versteht[57] und durch das trennende „und" erkennen läßt, daß es von zwei unterschiedlichen „Grundsätzen" ausgeht, nämlich einmal vom Grundsatz der Verhältnismäßigkeit „und" zum anderen vom Grundsatz der Zumutbarkeit[58].

Diese Sicht bestätigt das Urteil an anderer Stelle, wo es heißt, die Pflicht zur Straßenreinigung und die damit verbundenen Gefahren für Leib oder Leben stünden in aller Regel in keinem angemessenen Verhältnis zu dem verfolgten Zweck, der Reinigung einer Straße[59]. Unmittelbar im Anschluß an den so gekennzeichneten Grundsatz der Verhältnismäßigkeit fährt das Gericht in einem neuen Satz fort: „Insoweit würde es sich *auch*[60] um ein unzumutbares Verlangen handeln[61]."

Damit wird gesagt, in einem derartigen Fall werde der „Grundsatz der Verhältnismäßigkeit" verletzt und „auch" der — davon zu unterscheidende — „Grundsatz der Zumutbarkeit", denn würde das Gericht von einer begrifflichen Identität beider Gesichtspunkte ausgehen, hätte es des Nachsatzes nicht bedurft, nachdem der Grundsatz der Verhältnismäßigkeit bereits erörtert war. Dem entspricht es, wenn das Gericht lediglich einräumen will, daß zwischen der „Frage der Zumutbarkeit" und dem „Erfordernis der Verhältnismäßigkeit" ein Zusammenhang bestehe[62].

Der erörterten Rechtsprechung ähnliche Stellungnahmen finden sich im Schrifttum, wo aus der selbständigen Aufzählung der Zumutbarkeit und des Grundsatzes der Verhältnismäßigkeit geschlossen werden muß,

---

[54] Hervorhebung vom Verf.

[55] BayObLSt 1962, S. 289, Leitsatz 1 und S. 292.

[56] Ähnlich BayVerfGHE Bd. 17 (1964), S. 19, 26, Entsch. v. 13. 4. 1964, das sich auf BayObLSt 1962, S. 289 beruft; anders dagegen OLG München NJW 1967, S. 1666, Leitsatz, auch S. 1667, Beschl. v. 5. 6. 1967, das in der Einzahl vom „Verfassungsgrundsatz der Zumutbarkeit und Verhältnismäßigkeit" spricht und darunter im Sinne des Verhältnismäßigkeitsgrundsatzes lediglich verstanden wissen will, daß im Kostenrecht die Kostenbelastung des Staatsbürgers nicht außer Verhältnis zu seinem Interesse am Ausgang des Verfahrens stehen dürfe.

[57] BayObLSt 1962, S. 289, 291.

[58] So kann auch BayVerfGHE Bd. 16 (1963), S. 128, 133, Entsch. v. 12. 11. 1963 verstanden werden, wenn es dort heißt, die auferlegte Beschränkung überschreite nicht das Maß des Zumutbaren, ebensowenig verstoße sie gegen den Grundsatz der Verhältnismäßigkeit. Dabei bleibt allerdings unklar, was das Gericht unter diesem Grundsatz versteht; die Bezugnahme auf BayVerf GHE Bd. 9, S. 158, 177, Entsch. v. 28. 12. 1956 (mit Rückverweisungen) hilft nicht weiter, da diese Entscheidung insoweit unergiebig ist.

[59] BayObLSt 1962, S. 289, 292.

[60] Hervorhebung vom Verf.

[61] BayObLSt 1962, S. 289, 292.

[62] BayObLSt 1962, S. 289, 291.

daß darunter etwas Verschiedenes verstanden werden soll, so wenn *Kruse*[63] bei Behandlung der „besonderen Rechtsgrundsätze" das „Gebot der Zumutbarkeit" gesondert vom Grundsatz der Verhältnismäßigkeit erwähnt[64].

Auch den Ausführungen von *Kleinknecht* und *v. Krauss* ist zu entnehmen, daß sie die Zumutbarkeit von dem Prinzip der Verhältnismäßigkeit unterscheiden, denn beide gehen nicht von einer inhaltlichen Übereinstimmung beider Gesichtspunkte aus, sondern gestehen lediglich ein, daß ein enger Zusammenhang bestehe[65] oder daß der „Grundsatz der Zumutbarkeit" sich mit dem Verhältnismäßigkeitsgrundsatz berühre[66].

Eindeutig trennt nur *Tipke* die Unzumutbarkeit vom Grundsatz der Verhältnismäßigkeit, wenn er ausführt, Unzumutbarkeit werde zwar oft als Unverhältnismäßigkeit mißverstanden, Unzumutbarkeit sei jedoch keine verhältnismäßige Größe, sondern Überforderung, Überanstrengung, die allein aus der Sphäre des Betroffenen komme[67].

Abschließend kann nach alledem festgestellt werden, daß Rechtsprechung und Schrifttum die oben erkannte begriffliche Verschiedenheit der (Un-)Zumutbarkeit vom Grundsatz der Verhältnismäßigkeit bestätigen. Es ist deshalb davon auszugehen, daß sich die (Un-)Zumutbarkeit vom Grundsatz der Verhältnismäßigkeit unterscheidet. Daraus folgt, daß auch die dieses Merkmal verwendende Pflichtengrenze nicht mit dem Grundsatz der Verhältnismäßigkeit gleichgesetzt werden kann und sie deshalb nicht aus dem Grundsatz der Verhältnismäßigkeit ableitbar ist.

Das verkennt *Steinberg,* der im Zusammenhang mit der Beschränkung öffentlich-rechtlicher Pflichten[68] den „Grundsatz der Zumutbarkeit" auf das Prinzip der Verhältnismäßigkeit stützen will[69]. Wenn er dazu ausführt, der Staat, der gegenüber dem Staatsbürger Mittel ein-

---

[63] Steuerrecht, I. Allgemeiner Teil, 2. Aufl., München 1969, S. 53; ähnlich *Isensee,* Subsidiaritätsprinzip (1968), S. 311 für die „Rechtsgedanken" der Zumutbarkeit und des Übermaßverbotes im Widerspruch zu S. 91; wohl auch *Thomä,* Auskunfts- und Betriebsprüfungsrecht der Verwaltung, Recht der Wirtschaftslenkung, Bd. 3, Heidelberg 1955, S. 85, der von den Grundsätzen der Notwendigkeit, Zumutbarkeit und Verhältnismäßigkeit spricht.

[64] Ähnlich wird *Kruse* von *Pusch,* Der Grundsatz der Zumutbarkeit im Abgabenrecht, SchlHA 1969, S. 171 verstanden.

[65] So *v. Krauss,* Verhlältnismäßigkeit (1955), S. 16.

[66] So *Kleinknecht,* Strafprozeßordnung, 29. Aufl., München 1970, § 81 c, Anm. 4.

[67] Rechtsstaat (1968), S. 100 und in *Tipke - Kruse,* AO (1965/72), § 170, Anm. 5, S. 553, § 175, Anm. 6, S. 569, § 202, Anm. 14, S. 630.

[68] *Steinberg,* Zumutbarkeit, BB 1968, S. 433, 437 f.

[69] Zumutbarkeit, BB 1968, S. 433, 436; gegen diesen auch *Tipke - Kruse,* AO (1965/72), § 175, Anm. 6, S. 569.

setze, die nicht in einem angemessenen Verhältnis zu dem angestrebten Zweck stünden, verlange, sofern der Staatsbürger mitzuwirken habe, etwas für ihn Unzumutbares[70], dann wird damit lediglich behauptet, daß ein unverhältnismäßiges Mittel für den Betroffenen zugleich unzumutbar sei, nicht aber umgekehrt der Beweis geführt, daß alle unzumutbaren Maßnahmen unverhältnismäßig sind, was Voraussetzung wäre, um den „Grundsatz der Zumutbarkeit" aus dem Verhältnismäßigkeitsprinzip zu gewinnen.

Ebenso wie die Meinung *Steinbergs* kann auch den übrigen Stellungnahmen nicht zugestimmt werden, die die Begrenzung öffentlich-rechtlicher Pflichten durch die (Un-)Zumutbarkeit mit dem Grundsatz der Verhältnismäßigkeit begründen wollen, so bei der Wehrpflicht[71] und der ausländerrechtlichen Ausreisepflicht[72].

II. Allgemeiner Rechtsgrundsatz als Begründung

An anderer Stelle[73] wurde schon darauf hingewiesen, daß der Bayerische Verfassungsgerichtshof[74] und das Bayerische Oberste Landesgericht[75] einen „Grundsatz der Zumutbarkeit" heranziehen, um die Straßenreinigungspflicht der Anlieger zu beschränken[76]. Ähnliche Äußerungen finden sich im öffentlich-rechtlichen Schrifttum, sei es im Zusammenhang mit der Erörterung öffentlich-rechtlicher Pflichten, sei es allgemein. So wird häufig von einem Grundsatz, Rechtsgrundsatz oder Prinzip der Zumutbarkeit gesprochen[77]. Diese Stellungnahmen geben Anlaß, der Frage nachzugehen, ob nicht die Begrenzung öffentlich-rechtlicher Pflichten durch die (Un-)Zumutbarkeit aus einem allgemeinen Rechtsgrundsatz hergeleitet werden kann[78].

---

[70] *Steinberg*, BB 1968, S. 433, 436.

[71] BVerwGE Bd. 38, S. 68, 70, Urt. v. 22. 4. 1971.

[72] *Weissmann*, Ausländergesetz (1966), § 10, Anm. 7 e.

[73] s. o. unter B. II. 3.

[74] DÖV 1965, S. 820, 821, Entsch. v. 13. 4. 1964.

[75] BayVBl 1963, S. 92, 93, Urt. v. 6. 12. 1962.

[76] Zustimmend *Rzepka*, Straßenrecht (1968), Art. 51, Anm. III 2 b.

[77] *Henkel*, Zumutbarkeit, in: Festschrift für Mezger (1954), S. 249, 266 f.; *Hörstmann*, Aufklärungspflicht, StbJb 1964/65, S. 323, 326; *Jescheck*, Lehrbuch (1969), S. 315 uns 333; *Kleinknecht*, StPO (1970), § 81 c, Anm. 4; *Kruse*, Steuerrecht (1969), S. 53; *H. Mayer*, Strafrecht (1953), S. 192; *Oswald*, Zumutbarkeit (1964), S. 73; *Paulick*, Grundgesetz und Besteuerung, StbJb 1957/58, S. 85, 118; *Pusch*, Zumutbarkeit, SchlHA 1969, S. 171; *Schönke - Schröder*, Strafgesetzbuch (1972), Vorbem. 92 vor § 51; *Spitaler - Paulick*, in: Hübschmann - Hepp - Spitaler, AO (1951/68), § 175, Anm. 10 b und § 205, Anm. 2; *Steinberg*, Zumutbarkeit, BB 1968, S. 433, 436; *Thomä*, Auskunfts- und Betriebsprüfungsrecht (1955), S. 85; *Westerhoff*, Rechtsgestaltungen (1959), S. 14.

[78] Vgl. auch *Noftz*, Zumutbarkeit, SchlHA 1969, S. 167, der die Frage aufwirft, ob der (Un-)Zumutbarkeit im Verwaltungsrecht über gesetzliche Einzelfälle hinaus eine allgemeine Bedeutung zukomme.

1. Allgemeines

Rechtsgrundsätze oder Rechtsprinzipien — beide Ausdrücke werden meist gleichbedeutend verwandt[79] — sind mit Hilfe einer sogenannten Rechtsanalogie (Gesamtanalogie) zu gewinnen[80]: Aus einer Mehrzahl einzelner Rechtsvorschriften, deren Tatbestände in ihrem Grundgedanken übereinstimmen, wird ein Rechtsgrundsatz entnommen, der dann auf solche Tatbestände angewandt werden kann, die das Gesetz nicht geregelt hat[81], und zwar auf eine unbestimmte Vielzahl von Fällen, die im Augenblick der Ermittlung des Rechtsprinzips nicht abschließend feststehen brauchen[82]; daher ist es gerechtfertigt, von „allgemeinen" Rechtsgrundsätzen zu sprechen.

Allgemeine Rechtsgrundsätze sind Mittel der Ergänzung des positiven Rechts[83]. Jede Ergänzung des Rechts — somit auch die durch Rechtsprinzipien[84] — setzt voraus, daß die Rechtsordnung lückenhaft ist[85]. Die Feststellung eines Rechtsgrundsatzes verlangt deshalb zunächst den Nachweis einer Gesetzeslücke, die es danach mit Hilfe der erwähnten Analogie auszufüllen gilt.

Übertragen auf die Beschränkung öffentlich-rechtlicher Pflichten durch die (Un-)Zumutbarkeit bedeuten diese Ausführungen, daß eine solche Pflichtengrenze dann als allgemeiner Rechtsgrundsatz feststellbar ist, wenn sich das Recht insoweit als lückenhaft darstellt (s. u. 2.) und diese Gesetzeslücke durch die analoge Anwendung mehrerer Rechtsvorschriften ausgefüllt werden kann, denen ein der fehlenden

---

[79] Darauf weist zutreffend *Larenz*, Methodenlehre (1969), S. 466 hin, der selbst allerdings Grundsätze und Prinzipien unterscheidet; dazu *Larenz*, Wegweiser zu richterlicher Rechtsschöpfung, in: Festschrift für Nikisch, Tübingen 1958, S. 275, 300.

[80] *Enneccerus - Nipperdey*, Allgemeiner Teil (1959), S. 340; *Obermayer*, Gedanken zur Methode der Rechtserkenntnis, NJW 1966, S. 1885, 1890.

[81] In diesem Sinn etwa *Canaris*, Die Feststellung von Lücken im Gesetz, Schriften zur Rechtstheorie, Heft 3, Berlin 1964, S. 97 f.; *Enneccerus - Nipperdey*, Allgemeiner Teil (1959), S. 340; *Larenz*, Methodenlehre (1969), S. 364 f.; *Schack*, „Analogie" und „Verwendung allgemeiner Rechtsgedanken" bei der Ausfüllung von Lücken in den Normen des Verwaltungsrechts, in: Festschrift für Laun, Hamburg 1948, S. 275, 278; a. M. *Menger*, System des verwaltungsgerichtlichen Rechtsschutzes, Tübingen 1954, S. 72.

[82] Zutreffend *Canaris*, Feststellung von Lücken (1964), S. 98.

[83] *Engisch*, Der Begriff der Rechtslücke, in: Festschrift für Sauer, Berlin 1949, S. 85, 88 und Einführung (1964), S. 137, 152; *Enneccerus - Nipperdey*, Allgemeiner Teil (1959), S. 339.

[84] *Bartholomeyczik*, Die Kunst der Gesetzesauslegung, 3. Aufl., Frankfurt a. M. 1965, S. 81, auch S. 89; *Canaris*, Feststellung von Lücken (1964), S. 25, *Coing*, Rechtsphilosophie (1969), S. 341 und *Obermayer*, Methode der Rechtserkenntnis, NJW 1966, S. 1885, 1889 für die Ergänzung des Rechts mittels einer Analogie.

[85] So allgemein G. und *D. Reinicke*, Die Auslegungsgrundsätze des Bundesarbeitsgerichts (II), NJW 1955, S. 1662 u. a.

gesetzlichen Regelung entsprechender Grundgedanke zu entnehmen ist (s. u. 3.).

2. Vorliegen einer Gesetzeslücke

Der Begriff der Gesetzeslücke läßt sich als unbefriedigende, planwidrige Unvollständigkeit des Rechts verstehen[86]. Es wird daher zu untersuchen sein, ob das Recht, bezogen auf die Pflichtengrenze der (Un-)Zumutbarkeit, nicht vollständig (s. u. a) sowie ob eine sich herausstellende Unvollständigkeit unbefriedigend (s. u. b) und planwidrig (s. u. c) ist[87].

a) Unvollständigkeit des Rechts

Unvollständigkeit des Rechts bedeutet hinsichtlich der Pflichtengrenze der (Un-)Zumutbarkeit, daß es an einer Beschränkung öffentlich-rechtlicher Pflichten durch das genannte Merkmal mangelt[88]. Ein solches Fehlen läßt sich ermitteln, indem man die vorhandenen Normen des Rechts daraufhin prüft, ob sie die fragliche Pflichtengrenze bereits enthalten[89] und ob sie geeignet sind, das öffentliche Recht zu ergänzen.

Zu den Normen sind auch allgemeine Grundsätze zu rechnen, die — wie das Übermaßverbot[90] — rechtssatzmäßigen Charakter haben[91]. Ließe sich daher dem Übermaßverbot die Beschränkung öffentlich-rechtlicher Pflichten durch die (Un-)Zumutbarkeit entnehmen, so hätte es das Recht bereits entsprechend vervollständigt. Dies ist allerdings nicht der Fall, denn die zuvor gemachten Ausführungen haben ergeben, daß die Pflichtengrenze der (Un-)Zumutbarkeit nicht aus den das Übermaßverbot ausmachenden Grundsätzen der Erforderlichkeit und Verhältnismäßigkeit abgeleitet werden kann[92].

Damit steht die hier nachzuweisende Unvollständigkeit des Rechts indessen noch nicht fest. Wie an früherer Stelle erwähnt[93], sind andere

[86] In diesem Sinn *Canaris*, Feststellung von Lücken (1964), S. 16; *Elze*, Lücken im Gesetz, Abhandlungen zur Rechtswissenschaft und zu ihrer Methode, 2. Heft, München und Leipzig 1916, S. 6; *Engisch*, Einführung (1964), S. 135, 137 f. und Rechtslücke, in: Festschrift für Sauer (1949), S. 85, 92 f.; *Larenz*, Methodenlehre (1969), S. 351, 358.

[87] Für die Unzumutbarkeit als übergesetzlichen Schuldausschließungsgrund erkennt *Schaffstein*, Nichtzumutbarkeit (1933), S. 19 f. zutreffend, daß es sich dabei um ein Rechtslückenproblem handelt.

[88] Dazu allgemein *Elze*, Lücken (1916), S. 13 f.; *Engisch*, Einführung (1964), S. 136 f.; *Obermayer*, Methode der Rechtserkenntnis, NJW 1966, S. 1885, 1889; *Schreiber*, Die Geltung von Rechtsnormen, Berlin usw. 1966, S. 192 u. a.

[89] Ähnlich *Schreiber*, Rechtsnormen (1966), S. 56, Fußn. 18, auch S. 193.

[90] *Canaris*, Feststellung von Lücken (1964), S. 94; *Isensee*, Subsidiaritätsprinzip (1968), S. 92 und S. 314; a. M. anscheinend *Wolff*, Verwaltungsrecht I (1971), S. 119 unter b) i. V. m. S. 118 f. unter 1 a. E.

[91] So zutreffend *Canaris*, Feststellung von Lücken (1964), S. 94.

[92] s. o. unter D. I.

[93] s. o. B. IV. die Zusammenfassung mit Rückverweisungen.

Gesichtspunkte denkbar, auf die sich nach der Rechtsprechung und dem Schrifttum die Pflichtengrenze der (Un-)Zumutbarkeit stützen läßt und die deshalb das Recht vervollständigt haben könnten. An derartigen Begründungen wurden die clausula rebus sic stantibus[93], der Grundsatz von Treu und Glauben[93] sowie § 242 BGB genannt[93]. Ob sich aus diesen Gesichtspunkten die Pflichtengrenze der (Un-)Zumutbarkeit tatsächlich rechtfertigt, kann einer späteren Erörterung vorbehalten bleiben, denn selbst wenn man davon ausgeht — wie das im folgenden geschieht — stehen weder die clausula rebus sic stantibus noch der Grundsatz von Treu und Glauben und § 242 BGB der Ergänzung des öffentlichen Rechts durch diesen allgemeinen Rechtsgrundsatz im Wege.

Was zunächst die clausula rebus sic stantibus betrifft, so stellt sie im geltenden Recht kein allgemeines Rechtsprinzip dar[94]. Folglich muß ihr von vornherein ein rechtssatzmäßiger Charakter abgesprochen werden, der sie allein befähigen könnte, das Recht zu vervollständigen.

Für den Grundsatz von Treu und Glauben gilt — sofern man ihm überhaupt Rechtssatzqualität beilegt[95] — daß er im öffentlichen Recht nur subsidiär heranziehbar ist[96]. Dies bedeutet, daß er nicht eher das öffentliche Recht durch eine Pflichtengrenze der (Un-)Zumutbarkeit ergänzen kann als nicht andere Versuche, eine solche Schranke aus dem positiven Recht abzuleiten, fehlgeschlagen sind. Demnach ist der Grundsatz von Treu und Glauben außerstande, eine der Pflichtengrenze der (Un-)Zumutbarkeit entsprechende Gesetzeslücke *vor* einem allgemeinen Rechtsgrundsatz gleichen Inhalts zu schließen.

Auch die Norm des § 242 BGB ändert nichts an dem bisherigen Ergebnis der Unvollständigkeit, da jedes Rechtsgebiet zunächst aus sich selbst zu ergänzen ist, ehe auf Vorschriften aus anderen Rechtsberei-

---

[94] So die durchweg h. M.; dazu die Ausführungen o. B. I. 1. mit Nachweisen in Fußn. 5 und 6; aus dem öffentlich-rechtlichen Schrifttum außerdem z. B. *Auffenberg*, clausula (1936), S. 27; *Gowa*, Die Rechtsnorm von Treu und Glauben im Verwaltungsrecht, Diss. Hamburg 1933, S. 56; *Ipsen*, Widerruf gültiger Verwaltungsakte, Abhandlungen und Mitteilungen aus dem Seminar für Öffentliches Recht, Heft 26, Hamburg 1932, S. 133 und S. 136; *Jellinek*, Verwaltungsrecht (1948), S. 285; vgl. ferner die Ausführungen oben B. II. 1.; a. M. für das Grundgesetz *Bellstedt*, Zur staatsrechtlichen Problematik von Geheimpatenten und -gebrauchsmustern, DÖV 1961, S. 811 f. sowie *v. der Heydte*, Staatsnotstand und Gesetzgebungsnotstand, in: Festschrift für Laforet, München 1952, S. 59 und S. 78; a. A. der Sache nach auch *Jagusch*, Rechtsnorm und Normsituation, SJZ 1947, S. 295, 296, *C. Schmitt*, Legalität und Legitimität, München und Leipzig 1932, S. 71 f. u. a.

[95] Bejahend *Larenz*, Wegweiser, in: Festschrift für Nikisch (1958), S. 275, 301 i. V. m. S. 300; verneinend *Henkel*, Rechtsphilosophie (1964), S. 68 f. und *Wolff*, Verwaltungsrecht I (1971), S. 119 unter b).

[96] So zutreffend *H. Peters*, Verwaltung (1949), S. 164 und *Schüle*, Treu und Glauben im deutschen Verwaltungsrecht, VerwArch Bd. 38 (1933), S. 399, 434 f.; ferner *Wolff*, Verwaltungsrecht I (1971), S. 120 unter c) i. V. m. S. 118 f.; auch *Hardt*, Die allgemeinen Verwaltungsgrundsätze, DÖV 1971, S. 685, 693 i. V. m. S. 686.

chen zurückgegriffen werden darf[97]. Diese Erkenntnis rechtfertigt sich daraus, daß jedes Rechtsgebiet Eigenarten aufweist, welche Bestimmungen anderer Rechtsbereiche fremd sind[98]. Die zivilrechtliche Vorschrift des § 242 BGB ist daher erst dann im öffentlichen Recht analog anwendbar, wenn sich dieses Rechtsgebiet nicht aus sich heraus — das heißt hier aus öffentlich-rechtlichen Normen — vervollständigen läßt, was im folgenden zu untersuchen sein wird.

Scheidet eine Analogie zu § 242 BGB demnach gegenwärtig aus, so kann diese Norm das öffentliche Recht nicht im Sinne der Pflichtengrenze der (Un-)Zumutbarkeit ergänzen, weil erst nach ihrer analogen Anwendung neues Recht vorhanden ist[99]. Die gegenteilige Auffassung, die meint, der durch Analogie zu findende Satz sei schon „von vornherein vollständiges Recht"[100], ist widersprüchlich, da eine solche Vorstellung Gesetzeslücken begrifflich von Anfang an ausschließt, ihr Bestehen indes auch von dieser Ansicht nicht geleugnet wird[101].

Aus alledem ergibt sich zusammenfassend, daß das Übermaßverbot das öffentliche Recht nicht im Sinne der Pflichtengrenze der (Un-)Zumutbarkeit vervollständigt hat, die clausula rebus sic stantibus es nicht ergänzen kann und dem Grundsatz von Treu und Glauben sowie § 242 BGB die Ausfüllung einer der genannten Pflichtengrenze entsprechenden Gesetzeslücke nur möglich ist, falls sie nicht zuvor durch den hier zu untersuchenden, aus öffentlich-rechtlichen Vorschriften zu bildenden allgemeinen Rechtsgrundsatz geschlossen werden wird. Da nicht ersichtlich ist, daß außer den erwähnten Gesichtspunkten andere denkbar sind, denen sich eine Pflichtengrenze der (Un-)Zumutbarkeit entnehmen läßt, kann abschließend und endgültig festgestellt werden, daß das öffentliche Recht hinsichtlich dieser Pflichtengrenze unvollständig ist.

b) Unbefriedigende Unvollständigkeit

Des weiteren setzt der Begriff der Gesetzeslücke voraus, daß die Unvollständigkeit des Rechts als unbefriedigend empfunden wird. Das Unbefriedigende der mangelnden Beschränkung öffentlich-rechtlicher Pflichten des Bürgers durch die (Un-)Zumutbarkeit besteht darin, daß

[97] So zutreffend *Fleiner*, Institutionen des Deutschen Verwaltungsrechts, 8. Aufl., Tübingen 1928, S. 55 f.; *Lassar*, Der Erstattungsanspruch im Verwaltungs- und Finanzrecht, Öffentlich-rechtliche Abhandlungen, 2. Heft, Berlin 1921, S. 228; *Meier-Branecke*, Die Anwendbarkeit privatrechtlicher Normen im Verwaltungsrecht, AöR Bd. 50 (1926), S. 230, 244; im Ergebnis ähnlich für den Bereich des Verwaltungsrechts *Giacometti*, Allgemeine Lehren (1960), S. 122.

[98] In diesem Sinne auch *Meier-Branecke* (Fußn. 97), S. 244.

[99] So allgemein auch *Larenz*, Methodenlehre (1969), S. 380 f.; ebenso wohl *Enneccerus - Nipperdey*, Allgemeiner Teil (1959), S. 344, Fußn. 44.

[100] *Zitelmann*, Lücken im Recht, Leipzig 1903, S. 44, Anm. 15 und S. 25.

[101] Vgl. *Zitelmann* (Fußn. 100), S. 10.

in dieser Unvollständigkeit zugleich die Erkenntnis eingeschlossen liegt, daß die Begrenzung staatlicher Macht dem einzelnen gegenüber unvollkommen ist, was dem Rechtsstaatsprinzip und dem darin enthaltenen[102] Gerechtigkeitsgebot widerspricht[103]. Zudem ist ohne ein an individuellen Belangen ausgerichtetes pflichtenbegrenzendes Merkmal wie das der (Un-)Zumutbarkeit[104] eine gerechte und damit befriedigende Anpassung der abstrakt und starr angeordneten öffentlich-rechtlichen Pflichten an die persönlichen Verhältnisse des einzelnen Pflichtigen nicht möglich[105]; folglich erweist sich das Fehlen der (Un-)Zumutbarkeit als unbefriedigend.

Dieses Ergebnis wird mittelbar durch die an früherer Stelle[106] ausführlich erörterte Literatur bestätigt, die entscheidend auf die (Un-)Zumutbarkeit abstellt, um öffentlich-rechtliche Pflichten des Bürgers zu beschränken. Darin zeigt sich, daß Rechtsprechung und Schrifttum das Fehlen einer derartigen subjektbezogenen Begrenzung öffentlich-rechtlicher Pflichten als unbefriedigend empfinden. Wäre es anders, so wäre nicht erklärbar, warum gerade die (Un-)Zumutbarkeit ausschlaggebend sein soll, obwohl sämtliche der behandelten Pflichten dieses Merkmal in dem sie begründenden Tatbestand vermissen lassen.

c) Planwidrige Unvollständigkeit

Ehe von einer Gesetzeslücke gesprochen werden kann, muß sich die Unvollständigkeit des Rechts nicht nur als unbefriedigend, sondern auch als planwidrig herausstellen. In diesem Zusammenhang könnte es einem Plan des Gesetzgebers entsprechen, pflichtenbegründende Vorschriften, die — wie die von Rechtsprechung und Schrifttum behandelten[107] — die (Un-)Zumutbarkeit vermissen lassen, nicht durch dieses Merkmal zu beschränken. Das träfe zu, falls der Gesetzgeber beabsichtigt hätte, die öffentlich-rechtlichen Pflichten des Bürgers jeweils abschließend und erschöpfend zu regeln[108], ohne ihnen in Gestalt der (Un-)Zumutbarkeit eine Grenze zu setzen.

---

[102] So u. a. *Maunz*, Staatsrecht (1969), S. 70; BVerfGE Bd. 25, S. 269, 290, Beschl. v. 26. 2. 1969; w. Nachw. oben unter C. VI., Fußn. 77.

[103] Dazu insbes. *Steinberg*, Zumutbarkeit, BB 1968, S. 433, 436; ferner etwa *E.-W. Böckenförde*, Rechtsstaatsbegriff, in: Festschrift für A. Arndt (1969), S. 53, 75; *Coing*, Die obersten Grundsätze des Rechts, Schriften der Süddeutschen Juristen-Zeitung, Heft 4, Heidelberg 1947, S. 88 und Rechtsphilosophie (1969), S. 215, 241; *Hamann - Lenz*, Grundgesetz (1970), Einführung D 1 A 2, S. 56; *Henkel*, Rechtsphilosophie (1964), S. 109, 315.

[104] s. o. unter C. II.

[105] Dazu schon oben unter C. VI.

[106] s. o. unter B. I. bis III.

[107] s. o. unter B. II.

[108] So allgemein *Larenz*, Methodenlehre (1969), S. 357; auch Bartholomeyczik, Gesetzesauslegung (1965), S. 91 f. unter c).

Gegen einen solchen gesetzgeberischen Plan spricht wiederum der Gedanke der Gerechtigkeit und damit zugleich das Rechtsstaatsprinzip. Da nämlich alles Recht unter der Anforderung der Gerechtigkeit steht[109], kann unterstellt werden, daß der Gesetzgeber den Willen hat, eine gerechte Regelung zu schaffen[110]. Daraus folgt, daß er auch beabsichtigt, staatliche Macht zu beschränken, denn der Wille zur Gerechtigkeit beinhaltet zugleich den zur Begrenzung staatlicher Macht[111]. Hat der Gesetzgeber aber den Willen zur Beschränkung staatlicher Macht, so widerspricht es seinem Plan, öffentlich-rechtliche Pflichten des Bürgers nur unvollkommen zu begrenzen. Dementsprechend sind Vorschriften, die öffentlich-rechtliche Pflichten begründen, ohne sie durch das Merkmal der (Un-)Zumutbarkeit zu beschränken, nicht abschließend und erschöpfend und folglich ist die erkannte unbefriedigende Unvollständigkeit des Rechts auch planwidrig.

Als Ergebnis kann somit festgehalten werden, daß das öffentliche Recht hinsichtlich der Begrenzung öffentlich-rechtlicher Pflichten des Bürgers durch die (Un-)Zumutbarkeit lückenhaft ist.

3. Ausfüllung der Gesetzeslücke

Die erkannte Gesetzeslücke gilt es durch eine Gesamtanalogie zu schließen, und zwar zu solchen Rechtsvorschriften, die in ihrem Grundgedanken mit der festgestellten Lücke übereinstimmen. Zu denken ist an Normen, die in ihrem Tatbestand die (Un-)Zumutbarkeit verwenden, um öffentlich-rechtliche Pflichten zu beschränken.

a) Vorschriften mit der (Un-)Zumutbarkeit als begrenzendes Tatbestandsmerkmal öffentlich-rechtlicher Pflichten

Die (Un-)Zumutbarkeit findet sich als pflichtenbegrenzendes Tatbestandsmerkmal in zahlreichen Normen, die über das gesamte öffentliche Recht verstreut sind und in den verschiedensten sachlichen Zusammenhängen stehen. Dieser Rechtszustand soll im einzelnen dargestellt werden, da seine Kenntnis unerläßlich ist, um die Frage zu beantworten, ob sich aus den zu erörternden Vorschriften eine Gesamtanalogie rechtfertigen läßt, die zur Anerkennung eines allgemeinen Rechtsgrundsatzes, der Pflichtengrenze der (Un-)Zumutbarkeit, führt.

---

[109] *Larenz,* Methodenlehre (1969), S. 174.

[110] So *Larenz,* Methodenlehre (1969), S. 359, Fußn. 3.

[111] Dazu *Coing,* Grundsätze (1947), S. 88, auch Rechtsphilosophie (1969), S. 215; ferner *Henkel,* Rechtsphilosophie (1964), S. 109, 315.

aa) Begrenzung der Betriebs- und Beförderungspflicht sowie anderer verkehrsrechtlicher Pflichten nach dem Luftverkehrs-, Personenbeförderungs- und Güterkraftverkehrsgesetz

Nach dem Luftverkehrsgesetz (LuftVG)[112] trifft Luftfahrtunternehmen[113], die Fluglinienverkehr betreiben, die Pflicht, den Betrieb ordnungsgemäß einzurichten, aufzunehmen und während der Dauer der Genehmigung aufrechtzuerhalten (§ 21 Abs. 2 S. 1 LuftVG). Eine ähnliche Betriebspflicht kennt das Personenbeförderungsgesetz (PBefG)[114] in seinem § 21 Abs. 1 für Unternehmer, die entgeltlich oder geschäftsmäßig Personen befördern[115]. Beiden Pflichten gemeinsam ist, daß sie ihre Grenze dort finden, wo dem Luftfahrtunternehmen oder dem Personenbeförderungsunternehmer die Weiterführung des jeweiligen Betriebs nicht (mehr) zugemutet werden kann (§ 21 Abs. 3 S. 1 LuftVG, § 24 Abs. 1 S. 1 PBefG). Als Rechtsfolge ist die Befreiung von diesen Betriebspflichten vorgesehen, vorausgesetzt, daß ein entsprechender Antrag gestellt worden ist.

Über die genannten Pflichten hinaus geht die Pflicht, einen bereits betriebenen Personenbeförderungsverkehr zu erweitern oder zu ändern (§ 20 a S. 1 PBefG). Beschränkt wird die Auferlegung einer solchen Pflicht wiederum durch das Merkmal der Zumutbarkeit, wenngleich auffällt, daß es hier nicht in der Allgemeinheit verwandt wird wie bei den eben behandelten Betriebspflichten; es soll nämlich für die Zumutbarkeit lediglich die wirtschaftliche Lage des Unternehmers, eine ausreichende Verzinsung und Tilgung des Anlagekapitals sowie die notwendige technische Entwicklung berücksichtigt werden (§ 20 a S. 1 PBefG).

Eine ähnliche Einengung erfährt die Zumutbarkeit in § 13 a Abs. 2 S. 1 GüKG[116], wonach der Unternehmer eines Güterfernverkehrs nur dann dazu verpflichtet werden darf, regelmäßig bestimmte Güterlinien zu bedienen, wenn es ihm unter Berücksichtigung seiner wirtschaftlichen Lage zugemutet werden kann.

Unter derselben Voraussetzung ist der Unternehmer für einen bestimmten Fall verpflichtet, seinen Standort, an dem er den Sitz seines

---

[112] i. d. F. v. 4. 11. 1968 (BGBl I, S. 1113), zuletzt geändert durch Gesetz v. 30. 3. 1971 (BGBl I, S. 282).

[113] Zum Begriff des Luftfahrtunternehmens vgl. § 20 Abs. 1 S. 1 LuftVG.

[114] v. 21. 3. 1961 (BGBl I, S. 241), zuletzt geändert durch Gesetz v. 27. 6. 1970 (BGBl I, S. 911).

[115] Zum Begriff des Unternehmers vgl. genauer § 2 Abs. 1 i. V. m. § 1 Abs. 1 und § 3 Abs. 1 PBefG.

[116] Güterkraftverkehrsgesetz i. d. F. v. 22. 12. 1969, (BGBl 1970 I, S. 2), zuletzt geändert durch Gesetz v. 24. 12. 1971 (BGBl I, S. 2149).

Unternehmens oder eine nicht nur vorübergehende geschäftliche Niederlassung haben muß (§ 6 Abs. 1 S. 2 GüKG), beizubehalten (§ 15 Abs. 3 S. 4 GüKG).

Die bisherigen Erörterungen lassen erkennen, daß die erwähnten Vorschriften die (Un-)Zumutbarkeit als pflichtenbegrenzendes Merkmal verwenden. Allerdings wird der Begriff der (Un-)Zumutbarkeit vom Gesetz teilweise weiter und teilweise enger verstanden. Insoweit muß vermerkt werden, daß der Gesetzgeber das pflichtenbegrenzende Merkmal der (Un-)Zumutbarkeit uneinheitlich gebraucht.

Dieser Eindruck wird verstärkt durch einen anderen Umstand. Angesichts der Tatsache, daß dem Luftverkehrs-, Personenbeförderung- und Güterkraftverkehrsgesetz die (Un-)Zumutbarkeit als Grenze öffentlich-rechtlicher Pflichten nicht unbekannt ist, sollte man annehmen, daß auch andere in diesen Gesetzen enthaltene Pflichten des Bürgers durch das erwähnte Merkmal beschränkt werden. Diese Erwartung wird indes nicht in allen Fällen bestätigt.

So kennen die genannten Gesetze zwar sämtlich Beförderungspflichten (§ 21 Abs. 2 S. 2 LuftVG, § 22 PBefG, §§ 13 a Abs. 2 S. 3, 90 Abs. 1 S. 4 GüKG)[117], doch lassen sie — von § 21 Abs. 3 S. 1 LuftVG abgesehen — eine Begrenzung dieser Pflichten[118] durch die (Un-)Zumutbarkeit vermissen.

bb) Begrenzung notstandsgesetzlicher Pflichten, insbesondere der Leistungspflicht nach dem Bundesleistungsgesetz

Im Gesetz zur Sicherstellung von Arbeitsleistungen für Zwecke der Verteidigung einschließlich des Schutzes der Zivilbevölkerung (ArbSiG)[119] wird die Zumutbarkeit verschiedentlich als pflichtenbegrenzendes Merkmal verwandt. Nach diesem Gesetz kann ein bestimmter Personenkreis durch einen Verwaltungsakt („Verpflichtungsbescheid“, § 10 ArbSiG) in ein Arbeitsverhältnis verpflichtet werden, aber nur bei zumutbarer Härte (§ 5 Abs. 3 ArbSiG) und ausschließlich zu zumutbaren Arbeitsverhältnissen (§ 12 Abs. 1 S. 1 ArbSiG). Zu beachten ist dabei allerdings, daß durch den Verwaltungsakt keine öffentlich-rechtlichen

---

[117] Eine allgemeine Beförderungspflicht kann auch den Bestimmungen des Güterkraftverkehrsgesetzes entnommen werden — so *Hein - Eichhoff - Pukall - Krien*, Güterkraftverkehrsrecht, 2. Band, 3. Aufl., Berlin 1968, N. Erläuterungen GüKG, § 90, Anm. 5.

[118] — wie auch anderer, z. B. § 36 S. 1 PBefG (Bau- und Unterhaltungspflicht) und § 25 Abs. 2 S. 3 LuftVG (Auskunftspflicht) —.

[119] v. 9. 7. 1968 (BGBl. I, S. 787), geändert durch Gesetz v. 27. 7. 1969 (BGBl I, S. 946).

Pflichten auferlegt werden[120], sondern er nur privatrechtsgestaltend wirkt, indem er ein (privatrechtliches) Arbeitsverhältnis begründet (§ 2 Nr. 2 und 3 i. V. m. § 10 ArbSiG)[121]. Die Zumutbarkeit dient in diesem Zusammenhang daher nicht der Beschränkung öffentlich-rechtlicher Pflichten; vielmehr werden durch sie lediglich die aus dem erwähnten Arbeitsverhältnis erwachsenden zivilrechtlichen Pflichten begrenzt[122]. Eine unmittelbare Aussagekraft für die gesuchte Beschränkung öffentlich-rechtlicher Pflichten durch die (Un-)Zumutbarkeit kommt den erörterten Vorschriften deshalb nicht zu.

Nach dem Bundesleistungsgesetz (BLG)[123] können — etwa für Zwecke der Verteidigung (§ 1 Abs. 1 Nr. 2 BLG) — zahlreiche Leistungen angefordert werden (§ 2 Abs. 1 und 2 BLG), beispielsweise die Überlassung von beweglichen Sachen zum Gebrauch, zum Mitgebrauch oder zu anderer Nutzung (§ 2 Abs. 1 Nr. 1 BLG). Nur für einen Fall, nämlich den, daß Einbauten, Änderungen oder andere Leistungen an beweglichen und unbeweglichen Sachen angefordert werden, wird die Anforderung — und damit zugleich die ihr entsprechende Leistungspflicht (§ 17 Abs. 1 S. 1 BLG) — davon abhängig gemacht, daß die Vornahme der genannten Leistungen dem Pflichtigen selbst zuzumuten sein muß (§ 2 Abs. 1 Nr. 7 BLG). Die verbleibenden Leistungen des § 2 Abs. 1 und Abs. 2 werden demgegenüber nicht durch die (Un-)Zumutbarkeit beschränkt[124]. Das zeigt § 2 Abs. 1 Nr. 7 BLG besonders deutlich, der die Zumutbarkeit als pflichtenbegrenzendes Merkmal lediglich für die Vornahme der dort erwähnten Leistungen verwendet, nicht dagegen für ihre Duldung. Somit ist dem Bundesleistungsgesetz die (Un-)Zumutbarkeit als allgemeine Schranke der dort geregelten öffentlich-rechtlichen Pflichten fremd[125].

Ebenso vereinzelt findet sich die Pflichtengrenze der (Un-)Zumutbarkeit im Gesetz über die Sicherstellung von Leistungen auf dem Gebiet der Wasserwirtschaft für Zwecke der Verteidigung (WasSiG)[126], denn § 2 Abs. 2 S. 1 WasSiG richtet die Zumutbarkeitsschranke nicht für alle Maßnahmen auf, zu denen nach § 2 Abs. 1 WasSiG die dort bezeichneten Inhaber verpflichtet werden können.

---

[120] Dazu auch *Hahnenfeld*, Arbeitssicherstellungsgesetz, München 1969, § 37, Anm. 5, wonach das Gesetz nicht zu einer öffentlich-rechtlichen Dienstpflicht ermächtige.

[121] Hierzu *Hahnenfeld* (Fußn. 120), § 2, Anm. 5 und § 10, Anm. 1.

[122] Gleiches gilt für § 31 und § 7 Abs. 1 S. 2 ArbSiG.

[123] i. d. F. v. 27. 9. 1961 (BGBl I, S. 1769), zuletzt geändert durch Gesetz v. 24. 5. 1968 (BGBl I, S. 503).

[124] Vgl. auch die Beschränkungen in § 2 Abs. 3 und § 3 BLG.

[125] In § 43 Abs. 1 Nr. 2 S. 2 i. V. m. S. 1 BLG wird zwar von „unzumutbarer Härte" gesprochen, doch dient dieses Merkmal nicht der Pflichtenbegrenzung.

[126] v. 24. 8. 1954 (BGBl. I, S. 1225, berichtigt S. 1817), geändert durch Gesetz v. 24. 5. 1968 (BGBl I, S. 503).

cc) Begrenzung der Untersuchungspflicht und der Pflicht zum persönlichen Erscheinen nach der Zivil- und Strafprozeßordnung

Die Zivilprozeßordnung (ZPO)[127] und die Strafprozeßordnung (StPO)[128] gehören als Verfahrensrecht dem öffentlichen Recht an[129].

Nach § 372 a Abs. 1 ZPO hat eine Person Untersuchungen zur Feststellung der Abstammung dann nicht zu dulden, wenn sie ihr nach der Art der Untersuchung, nach den Folgen ihres Ergebnisses für sie oder einen in § 383 Abs. 1 bis 3 ZPO näher bezeichneten Verwandten und ohne Nachteil für ihre Gesundheit nicht zugemutet werden kann. Nur auf den Nachteil für die Gesundheit stellen die entsprechenden Duldungspflichten der §§ 81 a Abs. 1 S. 2, 81 c Abs. 2 S. 1 StPO ab, ohne daß diese Vorschriften das Merkmal der (Un-)Zumutbarkeit verwenden. Demgegenüber findet sich in § 81 c Abs. 1 S. 3 StPO ganz allgemein der Gesichtspunkt der Nichtzumutbarkeit, um die auf Grund des § 81 c Abs. 1 S. 1 StPO bestehende Pflicht einer Person, sich daraufhin untersuchen zu lassen, ob sich an ihrem Körper eine bestimmte Spur oder Folge einer strafbaren Handlung befindet, zu begrenzen. Das alles zeigt, daß der Gesetzgeber die Beschränkung öffentlich-rechtlicher Pflichten in den erörterten Zusammenhängen unterschiedlich gestaltet hat.

Ähnliches läßt sich von der zivilprozessualen Pflicht der Partei zum persönlichen Erscheinen (§ 141 Abs. 1 ZPO) sowie der entsprechenden strafprozessualen Pflicht der Zeugen und Sachverständigen (§ 223 Abs. 2 i. V. m. Abs. 1 StPO) sagen. Beide Bestimmungen verwenden die Nichtzumutbarkeit als pflichtenbegrenzendes Merkmal, doch erwähnt § 141 Abs. 1 ZPO die weite Entfernung des Aufenthaltsortes der Partei vom Gerichtssitz nur beispielhaft für die Nichtzumutbarkeit des persönlichen Erscheinens, während § 223 Abs. 2 StPO den Begriff der Nichtzumutbarkeit darauf beschränkt.

dd) Begrenzung strafrechtlicher Pflichten

Das Strafgesetzbuch gebraucht an zwei Stellen die (Un-)Zumutbarkeit, um strafrechtlichen Pflichten eine Grenze zu setzen, einmal in § 28 Abs. 1 StGB und zum anderen in § 330 c StGB.

---

[127] i. d. F. v. 12. 9. 1950 (BGBl I, S. 533), zuletzt geändert durch Gesetz v. 4. 11. 1971 (BGBl I, S. 1745).

[128] i. d. F. v. 17. 9. 1965 (BGBl I, S. 1374), zuletzt geändert durch Gesetz v. 8. 9. 1971 (BGBl I, S. 1513).

[129] In diesem Sinne für das Zivilprozeßrecht z. B. *Rosenberg - Schwab*, Zivilprozeßrecht, 10. Aufl., München 1969, S. 5 und *Schönke - Kuchinke*, Zivilprozeßrecht, 9. Aufl., Karlsruhe 1969, S. 4; für das Strafprozeßrecht *Kern - Roxin*, Strafverfahrensrecht, 10. Aufl., München 1970, S. 2 und *K. Peters*, Strafprozeß, 2. Aufl., Karlsruhe 1966, S. 14.

Die erstgenannte Bestimmung befaßt sich mit der Pflicht des Verurteilten, eine Geldstrafe zu zahlen. Für die Erfüllung dieser Pflicht ist dem Verurteilten eine Frist zu bewilligen oder sind ihm Teilzahlungen zu gestatten, falls es ihm nach seinen wirtschaftlichen Verhältnissen nicht zuzumuten ist, daß er die Geldstrafe sofort zahlt.

§ 330 c StGB beinhaltet eine Pflicht zur Hilfeleistung bei Unglücksfällen und vergleichbaren Situationen, sofern die Hilfeleistung erforderlich und dem Pflichtigen den Umständen nach zuzumuten ist, insbesondere ohne erhebliche eigene Gefahr und ohne Verletzung anderer wichtiger Pflichten möglich ist.

All den anderen strafrechtlichen Pflichten ist die (Un-)Zumutbarkeit als pflichtenbegrenzendes Tatbestandsmerkmal fremd[130]. Dessen ungeachtet hat sich herausgestellt, daß die Rechtsprechung und das Schrifttum des Strafrechts sie besonders häufig zur Pflichtenbeschränkung heranziehen[131].

ee) Begrenzung einzelner Mitwirkungspflichten nach dem Bundessozialhilfegesetz und der Reichsabgabenordnung

Die (Un-)Zumutbarkeit als pflichtenbegrenzendes Merkmal begegnet einem ferner im Zusammenhang mit einzelnen Mitwirkungspflichten.

Gemäß § 115 Abs. 1 BSHG[132] ist der Hilfesuchende verpflichtet, bei der Feststellung seines Bedarfs mitzuwirken, soweit ihm dies zuzumuten ist. Auch die Pflicht des Hilfesuchenden, seine Arbeitskraft zur Beschaffung des Lebensunterhalts einzusetzen (§ 18 Abs. 1 BSHG) — gleichfalls eine Mitwirkungspflicht[133] — reicht nur soweit, wie dem Hilfesuchenden eine Arbeit zugemutet werden kann (§ 18 Abs. 3 S. 1 und 2 BSHG). Andere Mitwirkungspflichten des Sozialhilferechts — die Auskunftspflichten nach § 64 Abs. 2 S. 1, § 116 Abs. 1 und 2 BSHG — verwenden in ihrem Tatbestand das pflichtenbegrenzende Merkmal der (Un-)Zumutbarkeit zwar nicht ausdrücklich, doch lassen sie immerhin eine ähnliche, wenngleich engere Grenze erkennen, da sie ein Auskunftsverweigerungsrecht unter anderem dann gewähren, wenn die Beantwortung der Auskunft die Auskunftspflichtigen der Gefahr strafgerichtlicher Verfolgung aussetzen würde (§ 64 Abs. 3, § 116 Abs. 3 BSHG).

Die Reichsabgabenordnung gebraucht gleichfalls die (Un-)Zumutbarkeit als Grenze einer Mitwirkungspflicht. Nach § 171 Abs. 1 S. 2 AO hat

---

[130] s. o. unter B. II. 8.

[131] s. o. unter B. II. 8.

[132] Bundessozialhilfegesetz i. d. F. v. 18. 9. 1969 (BGBl I, S. 1688).

[133] Ebenso *Oestreicher*, Bundessozialhilfegesetz mit Recht der Kriegsopferfürsorge, Stand 15. August 1970, München, § 115, Anm. 3.

der Steuerpflichtige bei Zweifeln über die Richtigkeit seiner Steuererklärung seine Behauptungen zu beweisen, soweit ihm dies nach den Umständen zugemutet werden kann. Dagegen läßt die in derselben Bestimmung zugleich enthaltene Mitwirkungspflicht, die Angaben bei Zweifeln zu ergänzen und den Sachverhalt aufzuklären, die Pflichtengrenze der (Un-)Zumutbarkeit — wie überhaupt jede Beschränkung — vermissen. Gleiches gilt für die oben[134] behandelten Auskunftspflichten nach § 170 Abs. 1 S. 2 AO und § 175 Abs. 1 S. 2 AO, was Rechtsprechung und Schrifttum übereinstimmend veranlaßten, sie durch die (Un-)Zumutbarkeit zu begrenzen[135].

ff) Begrenzung einzelner Pflichten verschiedenen Inhalts

Zum Abschluß seien noch einige Pflichten erwähnt, die zueinander allerdings in keinem sachlichen Zusammenhang stehen, denen aber gleichermaßen das pflichtenbegrenzende Merkmal der (Un-)Zumutbarkeit eigen ist.

Das gilt zunächst für die Wehrpflicht insoweit, als sie die Pflicht beinhaltet, Wehrdienst zu leisten (§ 3 Abs. 1 S. 1 WPflG). Die (Un-)Zumutbarkeit als Grenze öffentlich-rechtlicher Pflichten begegnet einem hier — leicht modifiziert — in Gestalt der „unzumutbaren Härte" (§ 12 Abs. 6 S. 2, § 48 Abs. 2 Nr. 3 WPflG). Unter dieser Voraussetzung kann ein Wehrpflichtiger zwar nicht vom Wehrdienst befreit[136], jedoch über das fünfundzwanzigste Lebensjahr hinaus oder im Verteidigungsfall zurückgestellt werden, wenngleich nur für bestimmte Fälle (im einzelnen § 12 Abs. 6 und § 48 Abs. 2 Nr. 3 WPflG).

Andere Teile der Wehrpflicht — etwa die Aufbewahrungspflicht von Bekleidungs- und Ausrüstungsstücken, die Untersuchungs- und die Meldepflicht (§ 3 Abs. 1 S. 2 WPflG) — lassen demgegenüber die (Un-)Zumutbarkeit wie auch jede andere Beschränkung vermissen, ein Umstand, der das Bundesverwaltungsgericht in der erörterten Entscheidung aus dem Jahre 1971[137] dazu veranlaßt hat, die Aufbewahrungspflicht durch den Gesichtspunkt der (Un-)Zumutbarkeit zu begrenzen[138].

Ferner findet sich die Zumutbarkeit als pflichtenbegrenzendes Merkmal im Zollgesetz (ZG)[139] wieder. Nach § 76 Abs. 3 S. 1 ZG kann die Zollverwaltung zur Zollbehandlung auf dem Betriebsgelände bestimm-

---

[134] Vgl. unter B. II. 6.

[135] s. dazu die Nachw. in Fußn. 108 und 109 unter B. II. 6.

[136] Diesen Fall regelt § 11 WPflG.

[137] BVerwGE Bd. 38, S. 68, Urt. v. 22. 4. 1971.

[138] Im einzelnen s. o. unter B. II. 5.

[139] v. 14. 6. 1961 (BGBl I, S. 737) i. d. F. v. 18. 5. 1970 (BGBl I, S. 529).

ter Unternehmer außer den dazu erforderlichen Einrichtungen, beispielsweise Wiegevorrichtungen (§ 76 Abs. 2 S. 1 ZG), weitere Leistungen verlangen, sofern sie mit der Zollbehandlung zusammenhängen und dem Unternehmer nach den Umständen zugemutet werden können.

Schließlich sei noch auf § 52 Abs. 4 S. 1 und 2 NStrG hingewiesen, wonach die Gemeinden die ihnen obliegenden Straßenreinigungspflichten dann nicht auf die Eigentümer der anliegenden Grundstücke übertragen können, wenn sie diesen wegen der Verkehrsverhältnisse nicht zuzumuten sind[140]. Dabei fällt auf, daß hier die Nichtzumutbarkeit als pflichtenbegrenzendes Tatbestandsmerkmal nicht in ihrer die verschiedensten Umstände erfassenden Bedeutung gebraucht, sondern auf die Berücksichtigung der Verkehrsverhältnisse beschränkt wird, obwohl — wie die Entscheidung des Bayerischen Verfassungsgerichtshofs[141] gezeigt hat[142] — die Reinigungspflicht auch etwa wegen der durch sie hervorgerufenen finanziellen Belastung den Eigentümern unzumutbar sein kann[143].

gg) Zusammenfassung

Die Behandlung der Vorschriften, die die (Un-)Zumutbarkeit als Tatbestandsmerkmal gebrauchen, um öffentlich-rechtliche Pflichten zu begrenzen, hat ein recht vielgestaltiges Bild ergeben. Die (Un-)Zumutbarkeit wurde nur teilweise in ihre allgemeinen begrifflichen Bedeutung verwandt[144], vielfach dagegen auf besondere Umstände des Einzelfalles, beispielsweise die Berücksichtigung der Verkehrsverhältnisse oder wirtschaftlicher Schwierigkeiten, eingeengt[145], ohne daß eine solche Beschränkung immer nahegelegen hätte.

Auch innerhalb der verschiedenen Gesetze hat sich kein einheitlicher Gesamteindruck im Gebrauch der (Un-)Zumutbarkeit als pflichtenbegrenzendes Tatbestandsmerkmal herausgestellt. So verwenden mehrere Gesetze die (Un-)Zumutbarkeit zwar in der genannten Funktion[146], ohne

---

[140] Ähnlich § 45 Abs. 3, S. 6 schl-holst StrWG.

[141] BayVerfGHE Bd. 20, S. 73, 77, Entsch. v. 21. 4. 1967.

[142] s. o. unter B. II. 3. a. E.

[143] Vgl. darüber hinaus noch § 33 Abs. 1 S. 1 Einkommensteuergesetz (EStG 1971) i. d. F. v. 1. 12. 1971 (BGBl I, S. 1882), geändert durch Gesetz v. 22. 12. 1971 (BGBl I, S. 2110) und § 3 Abs. 2 Benzinbleigesetz (BzBlG) v. 5. 8. 1971 (BGBl I, S. 1234).

[144] §§ 171 Abs. 1 S. 2 AO, 2 Abs. 1 Nr. 7 BLG, 18 Abs. 3 S. 1, 2 und 115 Abs. 1 BSHG, 21 Abs. 3 S. 1 LuftVG, 24 Abs. 1 S. 1 PBefG, 330 c StGB, 81 c Abs. 1 S. 1 StPO, 2 Abs. 2 S. 1 WasSiG sowie 76 Abs. 3 S. 1 ZG.

[145] §§ 2 Abs. 1 BzBlG, 6 Abs. 1 S. 2 und 13 a Abs. 2 S. 1 GüKG, 52 Abs. 4 S. 2 NStrG, 20 a S. 1 PBefG, 28 Abs. 1 StGB, 223 Abs. 2 StPO, 12 Abs. 6 S. 2 und 48 Abs. 2 Nr. 3 WPflG sowie 372 a Abs. 1 ZPO.

[146] §§ 171 Abs. 1 S. 2 AO, 2 Abs. 1 Nr. 7 BLG, 6 a Abs. 1 S. 2 und 13 a Abs. 2 S. 1 GüKG, 21 Abs. 3 S. 1 LuftVG, 20 a S. 1 und 24 Abs. 1 S. 1 PBefG, 2 Abs. 2 S. 1 WasSiG sowie 12 Abs. 6 S. 2 und 48 Abs. 2 Nr. 3 WPflG.

indes alle der in ihnen geregelten Pflichten durch dieses Merkmal zu beschränken[147]. Das fällt besonders dann auf, wenn gleichartige und in systematischem Zusammenhang stehende Pflichten einerseits durch die (Un-)Zumutbarkeit begrenzt werden[148], andererseits dagegen nicht[149].

Die Vielgestaltigkeit der behandelten (Un-)Zumutbarkeitsvorschriften spiegelt sich schließlich in den unterschiedlichen Rechtsfolgen wieder, die diese Normen anordnen. Beispielsweise findet sich die Befreiung[150] oder — in verschiedener Form — die Abänderung[151] der betreffenden Pflichten.

b) Analogiefähigkeit der (Un-)Zumutbarkeitsvorschriften

Jede Analogie erfordert eine Rechtsähnlichkeit[152], das heißt eine teilweise Gleichheit der Voraussetzungen zweier rechtlicher Tatbestände[153], und zwar eines ausdrücklich geregelten Tatbestandes mit einem nicht geregelten Tatbestand[154]. Wegen der Gleichheit der Voraussetzungen darf dann auf die Gleichheit der rechtlichen Folgen des geregelten und des ungeregelten Tatbestandes geschlossen werden[155], eine Folgerung, die sich aus dem Gleichheitssatz rechtfertigt, wonach Gleichartiges rechtlich gleich zu behandeln ist[156]. Es gilt daher zu prüfen, ob die eben[157] erörterten Bestimmungen, die die (Un-)Zumutbarkeit ausdrücklich als pflichtenbegrenzendes Tatbestandsmerkmal verwenden, der nicht geregelten allgemeinen Pflichtengrenze der (Un-)Zumutbarkeit gleichen.

---

[147] §§ 170 Abs. 1 S. 2, 171 Abs. 1 S. 2 und 175, Abs. 1 S. 2 AO, 2 Abs. 1 Nr. 1 - 6, 8 - 10 und Abs. 2 BLG, 13 a Abs. 2 S. 3, 90 Abs. 1 S. 4 GüKG, 25 Abs. 2 S. 3 LuftVG, 22 PBefG, 2 Abs. 1 WasSiG sowie 3 Abs. 1 S. 2 WPflG.

[148] §§ 171 Abs. 1 S. 2 AO, 2 Abs. 1 Nr. 7 BLG, 2 Abs. 2 S. 1 WasSiG, 12 Abs. 6 S. 2 und 48 Abs. 2 Nr. 3 WPflG.

[149] §§ 171 Abs. 1 S. 2 AO, 2 Abs. 1 Nr. 1 - 6, Nr. 8 - 10 und Abs. 2 BLG, 2 Abs. 1 WasSiG sowie 3 Abs. 1 S. 2 WPflG.

[150] §§ 21 Abs. 3 S. 1 LuftVG, 24 Abs. 1 S. 1 PBefG.

[151] §§ 28 Abs. 1 StGB, 12 Abs. 6, 48 Abs. 2 Nr. 3 WPflG.

[152] z. B. *Heller*, Logik und Axiologie der analogen Rechtsanwendung, Neue Kölner rechtswissenschaftliche Abhandlungen, Heft 16, Berlin 1961, S. 78; *Sauer*, Juristische Methodenlehre, Stuttgart 1940, S. 305.

[153] z. B. *Stammler*, Lehrbuch der Rechtsphilosophie, 3. Aufl. Berlin und Leipzig 1928, S. 276 und *derselbe*, Theorie der Rechtswissenschaft, Halle 1911, S. 635; *Weigelin*, Die Lücken im Recht, Jher Jahrb, Bd. 88 (1939/40), S. 1, 12.

[154] *Larenz*, Methodenlehre (1969), S. 360; *Obermayer*, Methode der Rechtserkenntnis, NJW 1966, S. 1885, 1889.

[155] *Dahm*, Deutsches Recht, 2. Aufl., Stuttgart usw. 1963, S. 52; *Stammler*, Rechtsphilosophie (1928), S. 276 und Theorie (1911), S. 635.

[156] Darauf weisen im Zusammenhang mit der Analogie u. a. zutreffend hin *Canaris*, Feststellung von Lücken (1964), S. 72, Fußn. 47, S. 98, Fußn. 139; *Larenz*, Methodenlehre (1969), S. 359.

[157] s. o. unter D. II. 3. a).

Angesichts der Besonderheiten, die bei Behandlung der (Un-)Zumutbarkeitsvorschriften zutage getreten sind[158], muß eine Rechtsähnlichkeit dieser Normen mit dem nicht geregelten Tatbestand einer Pflichtengrenze der (Un-)Zumutbarkeit verneint werden. Beide gebrauchen die (Un-)Zumutbarkeit zwar in einer pflichtenbegrenzenden Funktion, doch wird die Beschränkung öffentlich-rechtlicher Pflichten durch das genannte Merkmal in keinem Gesetz konsequent und einheitlich durchgeführt; auch verwenden die erwähnten Bestimmungen die (Un-)Zumutbarkeit vielfach nicht in ihrer allgemeinen Bedeutung, sondern eingeengt auf besondere Umstände. Daraus muß geschlossen werden, daß diese Vorschriften auf ganz spezielle Verhältnisse zugeschnitten sind, sie den Einzelfall im Auge haben und ihnen daher ein gemeinsamer, übereinstimmender Grundgedanke fehlt. Die Rückführung auf einen solchen Grundgedanken ist aber Voraussetzung, um einen Obersatz gewinnen zu können, ohne den eine Gleichsetzung der ungeregelten mit den geregelten Tatbeständen nicht erfolgen kann[159]. Da ein Obersatz sich nicht bilden läßt, steht somit zugleich fest, daß die (Un-)Zumutbarkeitsbestimmungen der ungeregelten Pflichtengrenze der (Un-)Zumutbarkeit nicht gleichen.

Auch sind die erörterten Vorschriften als Ausnahmenormen zu begreifen. Dafür spricht, daß sie den individualbezogenen Begriff der (Un-)Zumutbarkeit verwenden, der lediglich zu einer Beachtung individueller Interessen führt[160], ohne daß er gleichzeitig zu einer Abwägung mit den Interessen anderer, insbesondere den öffentlichen Interessen, anweist. Eine solche einseitige Interessenberücksichtigung steht im Gegensatz zu der aus Art. 2, 14, 15 und anderen Artikeln ableitbaren Vorstellung des Grundgesetzes von einem „gemeinschaftsbezogenen und gemeinschaftsgebundenen Bürger"[161], einer verfassungsrechtlichen Grundentscheidung[162]. Die (Un-)Zumutbarkeitsbestimmungen durchbrechen somit für die in ihnen geregelten Fälle diese Grundentscheidung. Genau das ist kennzeichnend für Ausnahmenormen[163].

Zwar trifft es nicht zu — wie immer wieder behauptet wird[164] — daß Ausnahmebestimmungen einer Erstreckung durch Analogie entzogen

[158] s. o. die Zusammenfassung unter D. II. 3. a) gg).

[159] *Stammler*, Rechtsphilosophie (1928), S. 276.

[160] s. o. unter C. II.

[161] Dazu näher BVerfGE Bd. 4, S. 7, 15 f., Urt. v. 20. 7. 1954; Bd. 27, S. 1, 7, Beschl. v. 16. 7. 1969, Bd. 27, S. 344, 351, Beschl. v. 15. 1. 1970; zustimmend *Scheuner*, Die neuere Entwicklung des Rechtsstaats in Deutschland, in: v. Caemmerer, Friesenhahn, Lange (Herausgeber), Hundert Jahre Deutsches Rechtsleben, Bd. II, Karlsruhe 1960, S. 229, 249 und BGHSt Bd. 22, S. 146, 152, Beschl. v. 21. 5. 1968.

[162] In diese Richtung auch BVerfGE Bd. 7, S. 198, 205, Urt. v. 15. 1. 1958.

[163] *Canaris*, Feststellung von Lücken (1964), S. 181, Fußn. 35.

[164] So von *Forsthoff*, Verwaltungsrecht (1966), S. 161; *Merk*, Deutsches Verwaltungsrecht, 1. Bd., Berlin 1962, S. 353; RGZ Bd. 47, S. 356, 360, Urt. v.

sind. Vielmehr ist die analoge Anwendung singulärer Vorschriften zulässig, wenn ihnen ein engeres Prinzip zugrundeliegt[165]. Sie darf allerdings nicht dazu führen, daß dieses engere Prinzip zu einem allgemeinen erhoben wird, denn dadurch würde die Ausnahme zur Regel verkehrt werden[166]. Eben das geschähe, falls man die (Un-)Zumutbarkeitsnormen als Ausnahmenormen zu einem *allgemeinen* Rechtsgrundsatz formen wollte. Auch aus diesem Grunde muß deshalb eine (gesamt-) analoge Anwendung der (Un-)Zumutbarkeitsbestimmungen abgelehnt werden mit dem Ergebnis, daß ein allgemeiner Rechtsgrundsatz der Begrenzung öffentlich-rechtlicher Pflichten durch die (Un-)Zumutbarkeit nicht nachweisbar ist.

III. Clausula rebus sic stantibus als Begründung

Ehe auf § 242 BGB und den Grundsatz von Treu und Glauben eingegangen werden wird (s. u. IV.), soll die clausula rebus sic stantibus behandelt und daraufhin untersucht werden, ob sich mit ihr die Pflichtengrenze der (Un-)Zumutbarkeit rechtfertigen läßt, wie das vereinzelt für die Beschränkung der Leistungspflichten des Bürgers gegenüber dem Staat überhaupt[167] und speziell für die Beschränkung verwaltungsvertraglicher Pflichten[168] in der Literatur beobachtet werden konnte.

Die clausula wird verschiedentlich mit § 242 BGB und dem Grundsatz von Treu und Glauben in Verbindung gebracht[169], jedoch hat sie bereits entstehungsgeschichtlich mit diesen Gesichtspunkten nichts zu tun[170]. Auch darf der Umstand, daß die Lehre von der clausula rebus

4.12.1900, Bd. 78, S. 171, 172, Urt. v. 11.1.1912; w. Nachw. bei *Gaul*, Die Grundlagen des Wiederaufnahmerechts und die Ausdehnung der Wiederaufnahmegründe, Bielefeld 1956, S. 38, Fußn. 6.

[165] *Bartholomeyczik*, Gesetzesauslegung (1965), S. 113; *Canaris*, Feststellung von Lücken (1964), S. 181 m. w. Nachw. in Fußn. 34; *Engisch*, Einführung (1964), S. 148; *Enneccerus - Nipperdey*, Allgemeiner Teil (1959), S. 297; ausführlich *Gaul*, Grundlagen (1956), S. 37 - 45, insbes. S. 44; *Larenz*, Methodenlehre (1969), S. 329 u. a.; aus der Rechtsprechung eingehend RGZ Bd. 162, S. 244, 247 f., Urt v. 22.12.1939; BAGE, Bd. 1, S. 328, 329, Beschl. v. 6.4.1955, Bd. 21, S. 106 (Leitsatz 2) Urt. v. 11.7.1968 u. a.

[166] So zutreffend *Canaris*, Feststellung von Lücken (1964), S. 181.

[167] s. o. unter B. I. 1.

[168] s. o. unter B. II. 1.

[169] So z. B. von *M. Baumann*, Der Begriff von Treu und Glauben im öffentlichen Recht, Diss. Zürich 1952, S. 115; *Forsthoff*, Verwaltungsrecht (1966), S. 271; *Merk*, Verwaltungsrecht I (1962), S. 355. Dagegen erkennt *Auffenberg*, clausula (1936), S. 46, daß zwischen dem Grundsatz von Treu und Glauben und dem Klauselprinzip lediglich eine Wesensverwandtschaft bestehe.

[170] Zur geschichtlichen Entwicklung der clausula rebus sic stantibus etwa *Fikentscher*, Die Geschäftsgrundlage als Frage des Vertragsrisikos, München 1971, S. 3 (w. Nachw. o. B. I. 1., Fußn. 3), zu der von Treu und Glauben z. B. *Bürgi*, Ursprung und Bedeutung der Begriffe „Treu und Glauben" und „Billigkeit" im schweizerischen Zivilrecht, Bern 1939, S. 98 - 101.

sic stantibus heute praktisch in der vom Wegfall der Geschäftsgrundlage aufgegangen ist[171], einem Rechtsinstitut also, das auf § 242 BGB gestützt wird[171], nicht dazu verleiten, den Klauselgedanken mit dieser Norm zu vermengen[172]. Andernfalls ließe sich aus § 242 BGB auf die Anerkennung der clausula schließen, eine Folgerung, die nicht gezogen wird und deren Ergebnis im Widerspruch zu der durchweg ablehnenden Haltung im Schrifttum und in der Rechtsprechung stünde, wonach die clausula rebus sic stantibus im geltenden Recht kein allgemeines Rechtsprinzip darstellt[173].

Legt man diese beinah unbestrittene Auffassung zugrunde, so läßt sich die Pflichtengrenze der (Un-)Zumutbarkeit nicht auf den Klauselgedanken stützen, denn sie kann nicht aus einem Gesichtspunkt abgeleitet werden, dessen allgemeine Geltung verneint wird. Aber auch die vereinzelt gebliebene Gegenmeinung[174], die heute nur für Teilbereiche vertreten wird[175], müßte zu diesem Ergebnis kommen. Die clausula rebus sic stantibus unterscheidet sich nämlich schon begrifflich von der (Un-)Zumutbarkeit[176]: Sie erfaßt nur die spätere Veränderung der zur Zeit der Entstehung der Leistungspflicht vorhandenen äußeren Umstände[177]; demgegenüber beschränkt sich der Begriff der (Un-)Zumutbarkeit nicht auf einen derartigen Sachverhalt, sondern gibt einen Maßstab, um solche, aber auch andere Sachverhalte — etwa von vornherein bestehende Umstände[178] — in ihrer Auswirkung auf eine davon betroffene Person zu messen[179]. Wegen dieser Verschiedenhiet ist es ausgeschlossen, die den Begriff der (Un-)Zumutbarkeit verwendende Pflichtengrenze mit der clausula rebus sic stantibus zu begründen.

Das gilt auch für die dem Klauselprinzip verwandte Lehre, die meint, jede gesetzliche Vorschrift setze eine normale Situation voraus; folglich ende ihre Verbindlichkeit, sofern und solange sich dieser Zustand

---

[171] s. o. unter B. I. 1.

[172] Zu den theoretischen Unterschieden zwischen der clausula und der Lehre vom Wegfall der Geschäftsgrundlage unter B. I. 1.

[173] Vgl. oben unter D. II. 2. a) Fußn. 94.

[174] Insbes. E. *Kaufmann*, Das Wesen des Völkerrechts und die clausula rebus sic stantibus, Aalen 1964, Nachdruck der Ausgabe Tübingen 1911, S. 75; *Krückmann*, Clausula rebus sic stantibus, Kriegsklausel, Streikklausel, AcP Bd. 116 (1918), S. 157, 161, 477 (für das öffentl. Recht) und *Stahl*, Die sogenannte clausula rebus sic stantibus im BGB, München und Berlin 1909, S. 49 - 51.

[175] Dazu etwa oben B. II. 1. für verwaltungsvertragliche Pflichten.

[176] So auch *Göbel*, Zumutbarkeit (1949), S. 43.

[177] Dazu u. a. *Stahl*, clausula (1909), S. 53 und *Staudinger - Weber*, BGB (1961), § 242, Anm. E 20.

[178] *Staudinger - Weber*, BGB (1961), § 242, Anm. B 230.

[179] Anders in der Begründung der begrifflichen Verschiedenheit der (Un-) Zumutbarkeit und der clausula rebus sic stantibus *Göbel*, Zumutbarkeit (1949), S. 43 f.

grundlegend ändere oder gar wegfalle[180], was zu bejahen sei, wenn der Normbefehl „sozial unzumutbar" werde[181]. Diese Ansicht hat allgemeine Ausnahmezustände, eine „Außer-Norm-Situation", etwa einen Krieg[182], vor Augen, nicht dagegen — wie die Pflichtengrenze der (Un-)Zumutbarkeit — einen einzelnen Normadressaten, den bereits in normalen Zeiten ein Normbefehl, eine öffentlich-rechtliche Pflicht, individuell außergewöhnlich belastet.

IV. Grundsatz von Treu und Glauben sowie § 242 BGB als Begründung

Wie sich an früherer Stelle[183] gezeigt hatte, wurde der Grundsatz von Treu und Glauben sowie § 242 BGB besonders häufig von der Rechtsprechung und dem Schrifttum herangezogen, um im Einzelfall oder auch allgemein die Pflichtengrenze der (Un-)Zumutbarkeit zu rechtfertigen. Derartige Begründungen fanden sich zur Begrenzung der Leistungspflichten des Bürgers gegenüber dem Staat oder im Zusammenhang mit verwaltungsvertraglichen Pflichten, der Polizei- und Reinigungspflicht sowie der Gehorsams- und steuerrechtlichen Auskunftspflicht. Ob es zutreffend ist, die Beschränkung öffentlich-rechtlicher Pflichten auf den Grundsatz von Treu und Glauben oder § 242 BGB zu stützen, gilt es nunmehr zu untersuchen.

1. Grundsatz von Treu und Glauben als Begründung

Es ist allgemein anerkannt, daß der „Grundsatz" von Treu und Glauben nicht nur das Zivilrecht, sondern auch das öffentliche Recht beherrscht[184]. Hiermit ist allerdings nicht die analoge Anwendbarkeit der

---

[180] Dazu insbes. C. *Schmitt*, Legalität (1932), S. 71 f. und *Jagusch*, Normsituation, SJZ 1947, S. 295, 296.

[181] *Jagusch*, Normsituation, SJZ 1947, S. 295, 296.

[182] VGH Freiburg JZ 1953, S. 238, Urt. v. 16. 9. 1952.

[183] s. o. unter B. IV. die Zusammenfassung mit Rückverweisungen.

[184] z. B. *Erman - Sirp*, BGB (1967), § 242, Anm. I 1, II und II 14; *Forsthoff*, Verwaltungsrecht (1966), S. 162; *Gygi*, Verwaltungsrecht und Privatrecht, Abhandlungen zum schweizerischen Recht, Heft 317, Bern 1956, S. 42; *Palandt - Heinrichs*, BGB (1972), § 242, Anm. 3 b); *Peters*, Verwaltung (1949), S. 156 f., 163 f.; *Simons*, Leistungsstörungen (1967), S. 181 m. zahlreichen w. Nachw. in Fußn. 159 und 160 auf S. 180; *Soergel - Siebert - Knopp*, BGB (1967), § 242, Anm. 75 m. umfangreichen Rechtsprechungsnachw. und *Staundinger - Weber*, BGB (1961), § 242, Anm. A 60; BVerwGE Bd. 3, S. 199, 203, Urt. v. 8. 3. 1956, Bd. 5, S. 136, 140, Urt. v. 27. 6. 1956, Bd. 6, S. 111, 114, Urt. v. 16. 1. 1958 und Bd. 9, S. 155, 160, Urt. v. 24. 9. 1959; abweichend *Giacometti*, Allgemeine Lehren (1960), S. 122 - 125, insbes. S. 123 f. und *Schüle*, Treu und Glauben, VerwArch Bd. 58 (1933), S. 399, 400 - 404.

Norm des § 242 BGB im öffentlichen Recht gemeint, sondern die davon zu trennende unmittelbare Geltung eines von dieser zivilrechtlichen Vorschrift losgelösten allgemeinen Rechtsgedankens[185].

Diese Unterscheidung[186] ist zutreffend, denn sie berücksichtigt, daß der Grundsatz von Treu und Glauben nicht identisch ist mit § 242 BGB. Zwar stellt diese Bestimmung eine gesetzliche Ausprägung des Grundsatzes von Treu und Glauben dar, aber eben nur eine unter anderen — § 157 BGB etwa und §§ 226, 826 BGB[187]. Da diese zuletzt genannten Vorschriften mit dem Gesichtspunkt der (Un-)Zumutbarkeit nichts zu tun haben[188], sie aber Ausprägungen des Grundsatzes von Treu und Glauben sind, hat auch dieser Grundsatz mit der (Un-)Zumutbarkeit nichts gemeinsam. Diesem Ergebnis entspricht es, wenn in der zivilrechtlichen Literatur der Gesichtspunkt der (Un-)Zumutbarkeit ausnahmslos[189] auf § 242 BGB gestützt wird[190], nicht hingegen auf den Grundsatz von Treu und Glauben.

Daraus folgt für die die (Un-)Zumutbarkeit verwendende Pflichtengrenze, daß sie nicht aus der unmittelbaren Geltung des Grundsatzes

[185] *Forsthoff*, Verwaltungsrecht (1966), S. 162; *Gygi*, Verwaltungsrecht (1956), S. 42 i. V. m. S. 32; *Peters*, Verwaltung (1949), S. 156 f.; *Soergel - Siebert - Knopp*, BGB (1967), § 242, Anm. 75; *Spitaler*, Besprechung von Mattern, Treu und Glauben im Steuerrecht, JZ 1959, S. 327; auch *Staudinger - Weber*, BGB (1961), § 242, Anm. A 61 m. zahlreichen Nachw. aus der früheren Literatur; aus der Rechtsprechung grundlegend RGZ Bd. 113, S. 19, 24, Urt. v. 2. 2. 1926; weitere Rechtsprechungsnachweise bei *Forsthoff*, Verwaltungsrecht (1966), S. 162, Fußn. 2 und 3 und *Staudinger - Weber*, BGB (1961), § 242, Anm. A 61.

[186] Dazu allgemein *Giacometti*, Allgemeine Lehren (1960), S. 123; *Merk*, Verwaltungsrecht I (1962), S. 353 f.; *Peters*, Verwaltung (1949), S. 157; eingehend *Schüle*, Treu und Glauben, VerwArch Bd. 38 (1933), S. 399, 404 - 410, insbes. S. 408 f.; *Simons*, Leistungsstörungen (1967), S. 107 - 109; stark einschränkend *Heller*, Logik (1961), S. 125 - 127; aus der Rechtsprechung etwa OVG Münster DVBl 1952, S. 605, 606 f., Urt. v. 8. 11. 1951; BGH NJW 1962, S. 1012, Urt. v. 19. 2. 1962.

[187] *Erman - Sirp*, BGB (1967), § 242, Anm. I 1; *Palandt - Heinrichs*, BGB (1972), § 242, Anm. 1 a) aa); auch *Blomeyer*, Allgemeines Schuldrecht, 4. Aufl., Berlin und Frankfurt a. M. 1969, S. 19, 21, 139; *Hamburger*, Treu und Glauben im Verkehr, Mannheim usw. 1930, S. 9 a. E.; *Schüle*, Treu und Glauben, VerwArch Bd. 58 (1933), S. 399, 410; *Soergel - Siebert - Knopp*, BGB (1967), § 242, Anm. 1, auch Anm. 38; *Staudinger - Weber*, BGB (1961), § 242, Anm. A 1 und A 110; RGZ Bd. 85, S. 108, 117, Urt. v. 26. 5. 1914; ferner RGZ Bd. 102, S. 272, 274, Urt. v. 7. 6. 1921.

[188] Vgl. die Aufstellung der Vorschriften bei *Staudinger - Weber*, BGB (1961), § 242, Anm. B 139, in denen das „Prinzip der Nichtzumutbarkeit" wiederkehrt; die §§ 157, 226, 826 BGB werden dabei nicht genannt.

[189] So *Staudinger - Weber*, BGB (1961), § 242, Anm. B 3 und B 138.

[190] Dazu u. a. *Bosch - Habscheid*, Vertragspflicht, JZ 1954, S. 213, 214; *Henkel*, Zumutbarkeit, in: Festschrift für Mezger (1954), S. 249, 261; *Nastelski*, in: BGB-RGRK (1960), § 242, Anm. 76; *Nipperdey*, Nichtzumutbarkeit (1921), S. 16, 17, 19; *Staudinger - Weber*, BGB (1961), § 242, Anm. B 3, B 138 m. zahlreichen Nachw. und B 140; *Weber*, Zumutbarkeit, JurJb 1962/63, S. 212, 219, 228.

von Treu und Glauben im öffentlichen Recht abgeleitet werden kann. Die teilweise im Schrifttum vorgefundene Meinung, die Beschränkung öffentlich-rechtlicher Pflichten durch die (Un-)Zumutbarkeit dem Grundsatz von Treu und Glauben zu entnehmen, ist deshalb abzulehnen.

2. § 242 BGB als Begründung

Es bleibt zu untersuchen, ob die Pflichtengrenze der (Un-)Zumutbarkeit aus der analogen Anwendung des § 242 BGB im öffentlichen Recht gewonnen werden kann. Fest steht nach dem eben Ausgeführten, daß die (Un-)Zumutbarkeit für das Zivilrecht in § 242 BGB ihre rechtliche Grundlage hat, was sich daraus rechtfertigt, daß § 242 BGB und der Gesichtspunkt der (Un-)Zumutbarkeit denselben Zweck verfolgen[191]: sie dienen beide der Begrenzung zivilrechtlicher Pflichten[192].

Wie sich gezeigt hatte[193], erkennen Schrifttum und Rechtsprechung der (Un-)Zumutbarkeit im öffentlichen Recht die gleiche Funktion zu: sie wird herangezogen, um öffentlich-rechtliche Pflichten des Bürgers gegenüber dem Staat zu beschränken[194]. Wegen dieser Ähnlichkeit ist es gerechtfertigt, den pflichtenbegrenzenden Gesichtspunkt der (Un-)Zumutbarkeit im Wege einer Analogie zu § 242 BGB ins öffentliche Recht zu übertragen. Allerdings muß das öffentliche Recht insoweit lückenhaft sein, denn jede Analogie setzt eine Gesetzeslücke voraus[195].

Eine der Pflichtengrenze der (Un-)Zumutbarkeit entsprechende Gesetzeslücke wurde bereits an früherer Stelle nachgewiesen, als es darum ging, ob sich diese Schranke öffentlich-rechtlicher Pflichten als allgemeiner Rechtsgrundsatz ermitteln läßt[196]. Das damals gefundene Ergebnis wird durch die Auffassung bestätigt, die § 242 BGB — und

---

[191] In ähnliche Richtung weist die Begründung *Staudinger - Webers*, BGB (1961), § 242, Anm. B 138.

[192] So für § 242 BGB: *Soergel - Siebert - Knopp*, BGB (1967), § 242, Anm. 40, 43; *Staudinger - Weber*, BGB (1961), § 242, Anm. A 117; ferner *Esser*, Schuldrecht, 2. Aufl., Karlsruhe 1960, S. 99; *Hamburger*, Treu und Glauben (1930), S. 19 und *Jagusch*, Normsituation, SJZ 1947, S. 295, 297.
Für den Gesichtspunkt der (Un-)Zumutbarkeit: *Larenz*, Schuldrecht (1970), S. 108; *Soergel - Siebert - Knopp*, BGB (1967), § 242, Anm. 40 und 41; ferner *Staudinger - Weber*, BGB (1961), § 242, Anm. 16 und *Weber*, Zumutbarkeit, JurJb 1962/63, S. 212, 228; auch *Buche*, Zumutbarkeit, SchlHA 1969, S. 172, 174 und *Hamburger*, Treu und Glauben (1930), S. 77.

[193] s. o. unter B. III. mit Rückverweisungen.

[194] Darüber hinaus meint *Henkel*, Zumutbarkeit, in: Festschrift für Mezger (1954), S. 249, 260, 267, die pflichtenbegrenzende Funktion der Unzumutbarkeit gelte einheitlich für *a l l e (gesperrt v. Verf.) Rechtsbereiche.*

[195] So z. B. *Bartholomeyczik*, Gesetzesauslegung (1965), S. 81, 89; *Canaris*, Feststellung von Lücken (1964), S. 25.

[196] s. o. unter D. II. 2.

damit zugleich das in dieser Norm enthaltene pflichtenbegrenzende Merkmal der (Un-)Zumutbarkeit — analog im öffentlichen Recht anwenden will[197], was nur möglich ist, falls man von einer entsprechenden Gesetzeslücke ausgeht.

Nach alledem kann festgestellt werden, daß sich die Begrenzung öffentlich-rechtlicher Pflichten durch die (Un-)Zumutbarkeit auf eine Analogie zu § 242 BGB gründen läßt. Einer naturrechtlichen Ableitung der (Un-)Zumutbarkeit bedarf es daher nicht[198].

Gegen die insoweit zu befürwortende analoge Anwendung des § 242 BGB sind auch keine verfassungsrechtlichen Bedenken anzumelden, denn die damit verbundene Übernahme der (Un-)Zumutbarkeit ins öffentliche Recht führt nicht zu einer Begründung neuer oder einer Ausdehnung bestehender Pflichten des Bürgers[199], sondern zu einer Begrenzung an sich weitergehender, bereits vorhandener Pflichten. Eine derartige Analogie zugunsten des Bürgers ist zulässig[200], wie für das Strafrecht — ein Teilgebiet des öffentlichen Rechts — allgemein anerkannt ist[201]. Der Gedanke der Rechtssicherheit spricht gleichfalls nicht gegen die Hereinnahme der (Un-)Zumutbarkeit ins öffentliche Recht[202].

Die Ableitung der Pflichtengrenze der (Un-)Zumutbarkeit aus § 242 BGB bewirkt allerdings, daß nicht allein die Interessen des betroffenen Pflichtigen berücksichtigt werden müssen — wie es das pflichtenbegrenzende Merkmal der (Un-)Zumutbarkeit für sich genommen lediglich verlangt[203] —, sondern daneben auch die Interessen anderer zu beachten sind. Die Erklärung dafür ist § 242 BGB, der gebietet, auf die

---

[197] z. B. *Mattern*, Treu und Glauben im Steuerrecht, Stuttgart 1958, S. 28 und S. 27 oben; *Palandt - Heinrichs*, BGB (1972), § 242, Anm. 3 b); *Soergel - Siebert - Knopp*, BGB (1967), § 242, Anm. 75; w. Nachw. bei *Staudinger - Weber*, BGB (1961), § 242, Anm. A 61; ganz allgemein ablehnend gegenüber einer Analogie zivilrechtlicher Vorschriften insbes. *O. Mayer*, Deutsches Verwaltungsrecht, 1. Bd., unveränderter Nachdruck der 1924 erschienenen 3. Aufl., Berlin 1961, S. 117; stark einschränkend *Giacometti*, Allgemeine Lehren (1960), S. 118 - 122, bes. S. 118 und S. 121.

[198] So aber insbes. *Herschel*, Zumutbarkeit, ArbuR 1968, S. 193, 197 und *Oswald*, Zumutbarkeit (1964), S. 73, wenngleich beide auch positivrechtliche Ableitungsmöglichkeiten sehen.

[199] Eine solche Analogie zuungunsten des Bürgers lehnen für das Verwaltungsrecht ab *Anschütz*, Lücken in den Verfassungs- und Verwaltungsgesetzen, VerwArch Bd. 14 (1906), S. 315, 329; *Giacometti*, Allgemeine Lehren (1960), S. 211, noch weitergehender S. 206 - 210, insbes. S. 207 - 209; *Merk*, Verwaltungsrecht I (1962), S. 360 f. u. a.; a. M. *Forsthoff*, Verwaltungsrecht (1966), S. 161 und *Jellinek*, Verwaltungsrecht (1948), S. 151.

[200] So ausdrücklich *Jellinek*, Verwaltungsrecht (1948), S. 151.

[201] Statt vieler *Kohlrausch - Lange*, Strafgesetzbuch (1961), § 2, Anm. I und *Schönke - Schröder*, Strafgesetzbuch (1972), § 2, Anm. 16 m. w. Nachw.

[202] Dazu eingehend oben unter C. VI.

[203] s. o. unter C. II.

Interessen anderer Rücksicht zu nehmen[204], also letztlich dazu anweist, eine Interessenabwägung vorzunehmen[205].

Das bedeutet, daß sich aus § 242 BGB nicht isoliert das pflichtenbegrenzende Merkmal der (Un-)Zumutbarkeit entnehmen und ins öffentliche Recht übertragen läßt, sondern seine Herleitung aus dieser Norm dazu führt, daß die Pflichtengrenze der (Un-)Zumutbarkeit durch eine Interessenabwägung zu ergänzen ist. Da einer Beschränkung an sich weiterreichender öffentlich-rechtlicher Pflichten des Bürgers öffentliche Interessen entgegenstehen können[206], sind neben der von der Pflichtengrenze der (Un-)Zumutbarkeit geforderten Beachtung der Interessen des Pflichtigen die öffentlichen Interessen zu berücksichtigen.

Für die gekennzeichnete Interessenabwägung[207] ist von der Gleichwertigkeit beider Interessen auszugehen[208] und nicht — wie das immer wieder behauptet wurde und noch wird[209] — von dem Vorrang der öffentlichen Interessen, dies schon deshalb nicht, weil Privatinteressen zugleich mittelbare Gemeinschaftsinteressen sind[210] und somit den öffentlichen Interessen kein größerer Wert beigelegt werden kann als den in ihnen zugleich enthaltenen Einzelinteressen. Im übrigen widerspräche die Bevorzugung der öffentlichen Interessen dem aus der Pflichtengrenze der (Un-)Zumutbarkeit entnehmbaren Individualisie-

---

[204] So *Hubmann*, Interessenabwägung, AcP Bd. 155 (1956), S. 85, 87; *Soergel - Siebert - Knopp*, BGB (1967), § 242, Anm. 1 und 53; *Spitaler*, Treu und Glauben im Steuerrecht, StbJb 1952, S. 335, 337 sowie ausführlich und im Zusammenhang mit der Zumutbarkeit als pflichtenbegrenzendes Merkmal BGH LM Nr. 26 zu § 13 GVG, Bl. 2, Urt. v. 25. 5. 1954; ähnlich auch RGZ Bd. 102, S. 272, 274, Urt. v. 7. 6. 1921; ferner *Staudinger - Weber*, BGB (1961), § 242, Anm. B 138, S. 470.

[205] So *Hubmann*, Interessenabwägung, AcP Bd. 155 (1956), S. 85, 86 f.; zum ganzen auch schon oben C. II.

[206] Von der Einheit der Einzel- und der Gemeininteressen geht demgegenüber *Binder*, Bemerkungen zum Methodenstreit in der Privatrechtswissenschaft, ZHR Bd. 100 (1934), S. 4, 65 - 67 bei Bekämpfung der Interessenjurisprudenz aus.

[207] Dazu insbes. *Rupp*, Beweisverbote, in: Verhandlungen des 46. Deutschen Juristentages, Bd. I, Teil 3 A (1966), S. 165, 197 - 202, bes. S. 197 f., 200 f.

[208] *Peters*, Verwaltung (1949), S. 164; *Schüle*, Treu und Glauben, VerwArch Bd. 38 (1933), S. 399, 432 f.; ferner *Boehmer*, Grundlagen der bürgerlichen Rechtsordnung, 2. Buch, 1. Abteilung, Dogmengeschichtliche Grundlagen des bürgerlichen Rechts, Tübingen 1951, S. 203; *Stich*, Vertrauensschutz im Verwaltungsrecht, Diss. Mainz 1954, S. 50 und (einschränkend) *Hubmann*, Interessenabwägung, AcP Bd. 155 (1956), S. 85, 108; weitergehend BGHZ Bd. 5, S. 189, 197, Urt. v. 22. 2. 1952.

[209] So von *Hamburger*, Recht, LZ 1931, S. 1438, 1443 f.; *Larenz*, Rechts- und Staatsphilosophie der Gegenwart, 2. Aufl., Berlin 1935, S. 23 f.; *Soergel - Siebert - Knopp*, BGB (1967), § 242, Anm. 76; *Staudinger - Weber*, BGB (1961), § 242, Anm. A 64 u. a.

[210] *Heck*, Die Interessenjurisprudenz und ihre neuen Gegner, AcP Bd. 142 (1936), S. 129, 183 und 184; ihm folgend *Boehmer*, Grundlagen (1951), S. 203 und *Hubmann*, Interessenabwägung, AcP Bd. 155 (1956), S. 85, 108.

rungsgebot[211], das unterlaufen würde, falls die öffentlichen Interessen gegenüber den durch die Pflichtengrenze zu berücksichtigenden Einzelinteressen von vornherein als höherwertig eingestuft würden.

Abschließend kann festgestellt werden, daß sich die Beschränkung öffentlich-rechtlicher Pflichten des Bürgers durch die (Un-)Zumutbarkeit aus der analogen Anwendung des § 242 BGB im öffentlichen Recht ergibt und daß mit ihr eine Interessenabwägung einhergeht[212], die veranlaßt, neben den Einzelinteressen des Pflichtigen auch öffentliche Interessen zu beachten, womit zugleich die Eigenart des öffentlichen Rechts berücksichtigt wird, der nach einer weitverbreiteten Meinung bei einer analogen Anwendung des § 242 BGB Rechnung zu tragen sein soll[213]. Außerdem wird durch die Abwägung der individuellen Interessen mit den Allgemeininteressen der Vorstellung des Grundgesetzes von einem „gemeinschaftsbezogenen und gemeinschaftsgebundenen Bürger“[214] entsprochen.

---

[211] Zum Individualisierungsgebot der (Un-)Zumutbarkeit oben unter C. II. m. Nachw. in Fußn. 9.

[212] Als eine Frage der Zumutbarkeit sieht es BGHZ Bd. 5, S. 189, 197, Urt. v. 22. 2. 1952 dann wieder an, ob es sich eine Person gefallen lassen muß, daß das Allgemeininteresse ihrem Individualinteresse vorgeht, wo es heißt, dem Kläger müsse nur dann zugemutet werden, daß seine Individualinteressen hinter das Allgemeininteresse zurückträten, wenn die Belange der Allgemeinheit in erheblichem Maße und ernstlich in Mitleidenschaft gezogen würden.

[213] So u. a. *Forsthoff*, Verwaltungsrecht (1966), S. 162 f.; *Mattern*, Treu und Glauben (1958), S. 28; *Soergel - Siebert - Knopp*, BGB (1967), § 242, Anm. 76; *Staudinger - Weber*, BGB (1961), § 242, Anm. A 64 m. w. Nachw.; RGZ Bd. 113, S. 78, 81, Urt. v. 30. 4. 1926, Bd. 158, S. 100, 109, Urt. v. 17. 12. 1937; a. M. *Baumann*, Treu und Glauben (1952), S. 75, Fußn. 177; *Stich*, Vertrauensschutz (1954), S. 53 f. u. a.

[214] s. o. unter D. II. 3. b) mit Nachw. in Fußn. 161.

E. Verfassungsrechtlicher Standort der Pflichtengrenze der (Un-)Zumutbarkeit

Vereinzelt wird der Gedanke der (Un-)Zumutbarkeit mit Art. 1 GG[1], Art. 2, 3, 11, 12 und 13 GG[2] oder überhaupt mit den Grundrechten[3] in Verbindung gebracht; auch wird er im Zusammenhang mit der Sozialstaatsklausel (Art. 20 Abs. 1, 28 Abs. 1 S. 1 GG)[4] oder dem — insbesondere in Art. 20 Abs. 2 und 3 GG angesprochenen[5] Rechtsstaatsprinzip[6] gesehen. Diese meist beiläufigen Äußerungen werfen die Frage nach dem verfassungsrechtlichen Standort der Pflichtengrenze der (Un-)Zumutbarkeit auf.

Vergegenwärtigt man sich, daß die Pflichtengrenze der (Un-)Zumutbarkeit öffentlich-rechtliche Pflichten des Bürgers beschränkt, so führt sie zu einer Begrenzung der Staatsgewalt[7], ein Ergebnis, das auch von dem Rechtsstaatsprinzip verlangt wird[8]. Es ist deshalb gerechtfertigt, die Pflichtengrenze der (Un-)Zumutbarkeit in das Rechtsstaatsprinzip einzuordnen.

Zu derselben Erkenntnis gelangt man, wenn man die Pflichtengrenze der (Un-)Zumutbarkeit als ein Gebot der Gerechtigkeit auffaßt[9]. Dafür

---

[1] *Oestreicher*, Bundessozialhilfegesetz (1970), § 155 BSHG, Anm. 4; *Steinberg*, Zumutbarkeit, BB 1968, S. 433, 437.

[2] *Herschel*, Zumutbarkeit, ArbuR 1968, S. 193, 196; *Steinberg*, Zumutbarkeit, BB 1968, S. 433, 437; BVerfGE Bd. 16, S. 147, 162, Urt. v. 22. 5. 1963.

[3] *Tipke*, Rechtsstaat (1968), S. 100; BVerfGE Bd. 16, S. 147, 173, Urt. v. 22. 5. 1963.

[4] *Herschel*, Zumutbarkeit, ArbuR 1968, S. 193, 196; *Schlegel*, Zumutbarkeit, SozSi 1969, S. 291, 296.

[5] z. B. *Hamann - Lenz*, Grundgesetz (1970), Einführung D 1 A 1, S. 55 und *Klein*, in: Schmidt-Bleibtreu - Klein, Kommentar zum Grundgesetz für die Bundesrepublik Deutschland, 2. Aufl., Neuwied und Berlin 1969, Art. 20, Anm. 9.

[6] *Oswald*, Zumutbarkeit (1964), S. 73 und 76; *Steinberg*, Zumutbarkeit, BB 1968, S. 433, 436.

[7] Vgl. auch *Häberle*, Öffentliches Interesse (1970), S. 141, wonach die Zumutbarkeitsklausel der Begrenzung des öffentlichen Interesses diene.

[8] So u. a. *E.-W. Böckenförde*, Rechtsstaatsbegriff, in: Festschrift für A. Arndt (1969), S. 53, 75; *Hamann - Lenz*, Grundgesetz (1970), Einführung D 1 A 2 (S. 56); *Hesse*, Der Rechtsstaat im Verfassungssystem des Grundgesetzes, in: Festgabe für Smend, Tübingen 1962, S. 71, 73 f.; *Klein*, in: Schmidt-Bleibtreu - Klein (1969), Art. 20, Anm. 11; w. Nachw. o. A. Fußn. 8.

[9] Eine Beziehung zwischen der (Un-)Zumutbarkeit und der Gerechtigkeit bejahen *Herschel*, Zumutbarkeit, ArbuR 1968, S. 193, 195; *Kruse*, Steuerrecht

spricht, daß sich der Gedanke der Gerechtigkeit und die Pflichtengrenze der (Un-)Zumutbarkeit in dem Ziel einig sind, staatliche Macht zu beschränken[10]. Außerdem leitet sich die Pflichtengrenze der (Un-)Zumutbarkeit aus § 242 BGB ab[11], mithin der wichtigsten gesetzlichen Ausprägung des Grundsatzes von Treu und Glauben[12] und dieser Grundsatz wiederum ist Ausfluß der Gerechtigkeit[13]. Da nach alledem die Pflichtengrenze der (Un-)Zumutbarkeit mit der Gerechtigkeit zusammenhängt und die Gerechtigkeit anerkanntermaßen im Rechtsstaatsprinzip enthalten ist[14], steht hiermit zugleich fest, daß sie in eben diesem Prinzip (Art. 20 Abs. 2 und 3 GG) ihren Standort hat und ihr deshalb Verfassungsrang zukommt.

Die Folge dieser Einordnung in das Rechtsstaatsprinzip ist, daß die Pflichtengrenze der (Un-)Zumutbarkeit zu den in Art. 20 GG niedergelegten Grundsätzen gehört, die nach Art. 79 Abs. 3 GG selbst durch den Grundgesetzgeber nicht geändert werden dürfen[15]. Ferner bewirkt die Pflichtengrenze der (Un-)Zumutbarkeit als Verfassungsrechtssatz, daß Normen, die dem Bürger öffentlich-rechtliche Pflichten auferlegen, ohne sie durch die (Un-)Zumutbarkeit (oder einen gleichwertigen Gesichtspunkt) einzuschränken, verfassungswidrig sind.

Als Rechtsfolge des Grundgesetzverstoßes wird im allgemeinen[16] die Nichtigkeit der betreffenden verfassungswidrigen Hoheitsakte ge-

---

(1969), S. 53 für das „Gebot der Zumutbarkeit"; *Noftz*, Zumutbarkeit, SchlHA 1969, S. 167; *Steinberg*, Zumutbarkeit, BB 1968, S. 433, 436 und *Tipke - Kruse*, AO (1965/72), § 170 AO, Anm. 5, S. 553, § 175 AO, Anm. 6, S. 569, § 202 AO, Anm. 14, S. 630 i. V. m. § 2 StAnpG, Anm. 26.

[10] So für die Gerechtigkeit *Coing*, Grundsätze (1947), S. 88 und *derselbe*, Rechtsphilosophie (1969), S. 205, 215, auch 241.

[11] s. o. unter D. IV. 2.

[12] s. o. unter D. IV. 1.

[13] *M. Baumann*, Treu und Glauben (1952), S. 28, ferner S. 81 und 119; *Coing*, Grundsätze (1947), S. 88; *Kruse*, Steuerrecht (1969), S. 52; *Mattern*, Treu und Glauben (1958), S. 34, Textziffer 28 b; *Simons*, Leistungsstörungen (1967), S. 181; *Staudinger - Weber*, BGB (1961), § 242, Anm. A 112; *Wolff*, Rechtsgrundsätze und verfassungsgestaltende Grundentscheidungen als Rechtsquellen, in: Gedächtnisschrift für W. Jellinek, München 1955, S. 33, 40 i. V. m. S. 37 und *derselbe*, Verwaltungsrecht I (1971), S. 118 f.

[14] Dazu statt vieler *Maunz*, Staatsrecht (1969), S. 70 und BVerfGE Bd. 7, S. 89, 92, Beschl. v. 24. 7. 1957.

[15] Für die (Un-)Zumutbarkeit im Ergebnis ebenso *Herschel*, Zumutbarkeit, ArbuR 1968, S. 193, 198, 206 und insbes. 197, wonach das Erfordernis der Zumutbarkeit und das Hemmnis der Unzumutbarkeit wesentliche Bestandteile unserer Rechtsordnung seien, die auf keine Weise, nicht einmal durch eine Änderung des Grundgesetzes, beseitigt werden könnten; allgemein zu dem nach Art. 79 Abs. 3 GG unabänderlichen Rechtsstaatsprinzip u. a. *Hamann - Lenz*, Grundgesetz (1970), Art. 79, Anm. B 10; *Herrfahrdt*, in: Kommentar zum Bonner Grundgesetz (Bonner Kommentar), Hamburg 1950 ff., Stand: Oktober 1971, Art. 79, Anm. II 3, S. 4.

[16] Nicht für zwingend wird die Nichtigkeit als Rechtsfolge der Verfassungswidrigkeit gehalten von *C. Böckenförde*, Die sogenannte Nichtigkeit verfas-

nannt[17], wobei streitig ist, ob die Nichtigkeit ipso iure vom Zeitpunkt der Verfassungswidrigkeit an eintritt[18] oder erst dann, wenn das Bundesverfassungsgericht sie erklärt hat[19]. Auf eine Stellungnahme zu diesem Meinungsstreit muß wegen der dazu erforderlichen umfangreichen Ausführungen verzichtet werden. Jedenfalls ist er nicht dadurch entschieden worden, daß der Gesetzgeber nunmehr — im Gegensatz zu früher[20] — die einschlägigen Vorschriften des Gesetzes über das Bundesverfassungsgericht (BVerfGG)[21] übereinstimmend dahin gefaßt hat, daß eine mit dem Grundgesetz unvereinbare Norm für nichtig zu erklären ist (§§ 78 S. 1 und 2, 79 Abs. 1, Abs. 2 S. 1, 95 Abs. 3 S. 1 BVerfGG), denn bei den Rechtsfolgen der Grundgesetzwidrigkeit handelt es sich um eine verfassungsrechtliche Frage, die zu regeln dem einfachen Gesetzgeber verschlossen ist[22].

Was hinsichtlich der Pflichtengrenze der (Un-)Zumutbarkeit interessiert, ist lediglich, sich die allgemein für möglich gehaltenen Rechtsfolgen einer Verfassungswidrigkeit zu vergegenwärtigen und sie auf die genannte verfassungsrechtliche Beschränkung öffentlich-rechtlicher Pflichten des Bürgers zu übertragen. Danach sind Normen, die der Pflichtengrenze der (Un-)Zumutbarkeit nicht gerecht werden, nichtig, entweder ipso iure oder mit dem entsprechenden Ausspruch des Bundesverfassungsgerichts. Im Ergebnis ebenso meint *Herschel*[23], eine Be-

---

sungswidriger Gesetze, Schriften zum Öffentlichen Recht, Bd. 33, Berlin 1966, S. 22 f., 26, 133, 147; *derselbe*, Sicherung der Normenkontrolle — aber wie? ZRP 1969, S. 130, 132; *Schick*, Verfassungswidrige, aber „gültige" Steuergesetze, JZ 1969, S. 371, 372.

[17] Abweichend *C. Böckenförde*, Nichtigkeit (1966), S. 123 - 137, insbes. S. 123 f. und 133, der „Übergangsregelungen" durch das Bundesverfassungsgericht befürwortet; insoweit ähnlich *H. H. Klein*, Bundesverfassungsgericht und Staatsraison, Frankfurt a. M. und Berlin 1968, S. 32 - 40, 42 für den Fall, daß Entscheidungen des Bundesverfassungsgerichts den Bestand des Staates gefährden, ohne sich damit gegen die Nichtigkeit verfassungswidriger Gesetze entscheiden zu wollen (S. 36, Fußn. 120, auch S. 42).

[18] So die h. M., u. a. *Arndt*, Nichtigkeit, DÖV 1959, S. 81, 82 - 84; *Maunz*, in: Maunz - Dürig - Herzog, Grundgesetz (1970), Art. 31, Anm. 18 a. E.; *Sigloch*, in: Maunz - Sigloch - Schmidt-Bleibtreu - Klein, Bundesverfassungsgerichtsgesetz, Lieferungen 1 und 2, München und Berlin 1967, § 80, Anm. 19 m. w. Nachw. in Fußn. 3.

[19] So u. a. *H. Götz*, Der Wirkungsgrad verfassungswidriger Gesetze, NJW 1960, S. 1177, 1179, ausgenommen Gesetze, die offenkundig verfassungswidrig sind und *Hoffmann*, Die Verwaltung und das verfassungswidrige Gesetz, JZ 1961, S. 193, 196 - 198; w. Nachw. bei *Sigloch*, (Fußn. 18), § 80, Anm. 19.

[20] Nach § 78 S. 1 BVerfGG v. 12. 3. 1951 (BGBl. I, S. 243) war die Nichtigkeit durch das Bundesverfassungsgericht lediglich „festzustellen".

[21] i. d. F. der Bekanntmachung v. 3. 2. 1971 (BGBl I, S. 105).

[22] So zutreffend u. a. *Scheuner*, Die Einwirkung der verfassungsrechtlichen Feststellung der Nichtigkeit von Rechtsnormen auf vorgängige Hoheitsakte, BB 1960, S. 1253, 1255; weitergehend *Arndt*, Die Bindungswirkung des Grundgesetzes, BB 1960, S. 993, 994.

[23] Zumutbarkeit, ArbuR 1968, S. 193, 197.

stimmung, die dem Zumutbarkeitsgrundsatz nicht gebührend Rechnung trage, sei entweder absolut nichtig oder müsse, wenn möglich, durch verfassungskonforme Auslegung so interpretiert werden, daß ihr Inhalt vor diesem überragenden Prinzip bestehen könne, und das Bayerische Oberste Landesgericht[24] bemerkt, eine Verordnung, die gegen den Grundsatz der Zumutbarkeit verstoße, sei mindestens teilweise unwirksam.

---

[24] BayVBl 1963, S. 92, 93, Urt. v. 6. 12. 1962.

F. Art. 14 Abs. 3 GG als Ausnahme von der Pflichtengrenze der (Un-)Zumutbarkeit

In Art. 14 Abs. 3 GG wird die Enteignung für zulässig erklärt. Dies bedeutet aus der Sicht des Bürgers, daß er enteignende Eingriffe unter den Voraussetzungen des Art. 14 Abs. 3 GG zu dulden hat. Enteignungsvorschriften beinhalten mithin eine entsprechende Duldungspflicht[1]. Diese Duldungspflicht reicht nach der Pflichtengrenze der (Un-)Zumutbarkeit nur so weit, als dem Betroffenen der enteignende Eingriff zumutbar ist.

Damit tritt die Pflichtengrenze der (Un-)Zumutbarkeit in einen Gegensatz zu der sogenannten Zumutbarkeitslehre. Während nämlich die Pflichtengrenze der (Un-)Zumutbarkeit eine Pflicht zur Duldung eines unzumutbaren enteignenden Eingriffs ausschließt, setzt die Zumutbarkeitslehre gerade einen solchen Eingriff für den Begriff der nach Art. 14 Abs. 3 GG zulässigen Enteignung voraus.

Nach der auf *Stödter* zurückgehenden Zumutbarkeitslehre soll es zur Abgrenzung der bloßen Inhaltsbestimmung von der Enteignung auf die Schwere und Tragweite, Wesentlichkeit und Intensität des Eingriffs ankommen, wofür wiederum der Begriff der Zumutbarkeit ausschlaggebend sei[2].

Ähnlich sieht *Maunz*[3] die Enteignung als eine unzumutbare Beeinträchtigung von vermögenswerten Rechten durch staatlichen Eingriff an. Die Grenze der Sozialbindung des Eigentums werde durch das Merkmal der Zumutbarkeit gebildet. Ein Eingriff, der diese Grenze überschreite und unzumutbar sei, stelle eine Enteignung dar.

Das Bundesverwaltungsgericht hat sich der Zumutbarkeitslehre angeschlossen[4] und beispielsweise eine Enteignung bejaht, wenn einer

---

[1] Ähnlich *Haas*, System (1955), S. 32, der in der Enteignung eine besondere Form der Leistungspflichten erblickt.

[2] Grundlegend *Stödter*, Öffentlich-rechtliche Entschädigung, Abhandlungen und Mitteilungen aus dem Seminar für Öffentliches Recht, Heft 28, Hamburg 1933, S. 208, 212 und *derselbe*, Über den Enteignungsbegriff, DÖV 1953, S. 97, 100; ihm folgend DOG DVBl 1950, S. 760, 762, Beschl. v. 13. 4. 1950; Hamburgisches OVG MDR 1950, S. 568, 569, Urt. v. 30. 6. 1950 und DVBl 1951, S. 280, 281 f., Urt. v. 14. 10. 1950; Hanseatisches OLG MDR 1951, S. 178, Urt. v. 6. 12. 1950; ähnlich Hamburgisches OVG DVBl 1952, S. 244, 245 f., Urt. v. 14. 6. 1951 und DVBl 1952, S. 246, 247, Urt. v. 20. 9. 1951.

[3] In: Maunz - Dürig - Herzog, Grundgesetz (1970), Art. 14, Anm. 71 und 47.

[4] BVerwGE Bd. 5, S. 143, 145, Urt. v. 27. 6. 1957, Bd. 7, S. 297 und S. 300, Urt. v. 30. 10. 1958, DÖV 1960, S. 594, Beschl. v. 25. 2. 1960, NJW 1968, S. 123,

Person ein schweres und unzumutbares Opfer auferlegt werde[5], eine Enteignung dagegen verneint, soweit ein Eingriff nicht zu unzumutbaren wirtschaftlichen Belastungen des Eigentümers führe[6].

Der Bundesgerichtshof (Großer Senat) lehnte in einem Beschluß aus dem Jahre 1952 die Zumutbarkeitslehre ab[7] und entschied sich für die sogenannte modifizierte Einzelakttheorie[8]. Dessen ungeachtet bestehen — wenigstens im praktischen Ergebnis — zwischen beiden Ansichten kaum Unterschiede[9]. Das zeigt sich auch daran, daß der Bundesgerichtshof das Merkmal der Zumutbarkeit zur Kennnzeichung des von ihm geforderten Sonderopfers heranzieht. In dem erwähnten Beschluß führt er aus, eine Enteignung liege vor, soweit die Betroffenen durch den staatlichen Eingriff zu einem besonderen, den übrigen nicht zugemuteten Opfer für die Allgemeinheit gezwungen würden[10]. In Annäherung an die Zumutbarkeitslehre[11] meint er ferner, unzumutbar sei das durch den rechtswidrigen Eingriff unter Verstoß gegen den Gleichheitssatz dem einzelnen abverlangte Opfer[12].

Neuerdings scheint der Bundesgerichtshof die von ihm vertretene Theorie ganz zugunsten der Zumutbarkeitslehre aufgeben zu wollen, wenn es in einem Urteil aus dem Jahre 1971[13], das sich mit Enteignungsfragen bei dem Bau einer Untergrundbahn befaßte, heißt, entsprechend dem in der Rechtsprechung entwickelten Begriff der Enteignung sei zu prüfen, ob Folgen des Eingriffs für den Anlieger nach Dauer, Art und Intensität und Auswirkung so erheblich seien, daß eine entschädigungslose Hinnahme ihm nicht zumutbar sei. Ein enteignender Eingriff setze nämlich eine gewisse Stärke oder eine fühlbare Beeinträchtigung voraus, also das Überschreiten einer bestimmten „Op-

---

124, Urt. v. 6. 10. 1967, DÖV 1969, S. 144, Urt. v. 14. 6. 1968 und DÖV 1971, S. 241, 242, Beschl. v. 5. 5. 1970.

[5] BVerwG DÖV 1969, S. 144, Urt. v. 14. 6. 1968.

[6] BVerwGE Bd. 7, S. 297, Urt. v. 30. 10. 1958.

[7] BGHZ Bd. 6, S. 270, 282 f., Beschl. v. 10. 6. 1952.

[8] Ihm folgend z. B. *Obermayer*, in: Mang - Maunz - Mayer - Obermayer, Staats- und Verwaltungsrecht in Bayern, 3. Aufl., München 1968, S. 217; BayVerfGHE Bd. 16 (1963), S. 128, 133, Entsch. v. 12. 11. 1963 und BayVGH DÖV 1962, S. 426, 427, Urt. v. 17. 3. 1961.

[9] So auch *Kimminich*, in: Bonner Kommentar (1971), Art. 14, Anm. 59; ferner als Beweis aus der Rechtsprechung OVG Münster, OVGE Bd. 14, S. 170, 176 f., Urt. v. 5. 11. 1958 und Bd. 18, S. 71, 77 f., Urt. v. 1. 8. 1962; vgl. auch *Badura*, Das Verwaltungsmonopol, Berlin 1963, S. 112, der nebeneinander von einem „unzumutbaren Sonderopfer" und von der „Schwere und Zumutbarkeit des Eingriffs" spricht.

[10] BGHZ (Großer Senat) Bd. 6, S. 270, 280, Beschl. v. 10. 6. 1952.

[11] Ebenso wertet *Kimminich*, in: Bonner Kommentar (1971), Art. 14, Anm. 106 das Urteil des BGH v. 25. 4. 1960.

[12] BGHZ Bd. 32, S. 208, 213, Urt. v. 25. 4. 1960.

[13] DVBl 1972, S. 111, Urt. v. 20. 12. 1971.

fergrenze“ gegenüber der bloßen Sozialbindung[14]. Von einem Sonderopfer spricht der Bundesgerichtshof dagegen nicht. Seine Formulierungen entsprechen vielmehr genau der vom Bundesverwaltungsgericht vertretenen Zumutbarkeitslehre.

Wenn sonach eine Enteignung einen unzumutbaren Eingriff, nach der älteren Rechtsprechung des Bundesgerichtshofs ein unzumutbares (Sonder-)Opfer voraussetzt und Enteignungsvorschriften dementsprechend den Betroffenen die Pflicht auferlegen, einen solchen Eingriff, ein solches (Sonder-)Opfer zu dulden, so fragt sich, wie dieser bereits eingangs festgestellte Gegensatz zur Pflichtengrenze der (Un-)Zumutbarkeit zu erklären ist. Hierbei hilft die Überlegung weiter, daß es einem Verfassungsgesetzgeber unbenommen ist, von einer Regel Ausnahmen zu machen, sofern die Ausnahmevorschrift nicht gegen eine Norm übergesetzlichen Rechts verstößt[15], über die sich auch ein Verfassungsgesetzgeber wegen ihrer Höherrangigkeit nicht hinwegsetzen kann[16].

Deutet man die in das Rechtsstaatsprinzip eingegliederte[17] Pflichtengrenze der (Un-)Zumutbarkeit als Regel, so stellt sich die von Art. 14 Abs. 3 GG geforderte Duldung unzumutbarer Eingriffe in das Eigentum (Duldung unzumutbarer Sonderopfer) als grundgesetzlich gebilligte Ausnahme dieser Pflichtengrenze dar. Daraus folgt, daß enteignungsrechtliche Duldungspflichten, die den Voraussetzungen des Art. 14 Abs. 3 GG entsprechen, der Pflichtengrenze der (Un-)Zumutbarkeit nicht unterfallen.

Eine derartige Ausnahme von der Pflichtengrenze der (Un-)Zumutbarkeit ist verfassungsrechtlich unbedenklich, läßt keine Mißachtung übergesetzlichen Rechts erkennen, weil mit einer Enteignung notwendig eine Entschädigung verbunden ist (Art. 14 Abs. 3 S. 2 GG). Dadurch wird zudem der Pflichtengrenze der (Un-)Zumutbarkeit insoweit Rechnung getragen, als die Betroffenen einen wirtschaftlichen Ausgleich für das an sie gerichtete unzumutbare Verlangen erhalten, so daß die Erfüllung der enteignungsrechtlichen Duldungspflicht aus der Sicht der mit ihr einhergehenden Entschädigung letztlich als zumutbar erscheint.

---

[14] BGH DVBl 1972, S. 111, 113.

[15] So zutreffend insbes. *Bachof,* Verfassungswidrige Verfassungsnormen? Recht und Staat, Hefte 163/164, Tübingen 1951, S. 38, auch S. 39; *Holtkotten,* in: Bonner Kommentar (1971) Art. 93, Anm. B 2 i, S. 35 und Art. 131, Anm. C 1 b, S. 45 f.; großzügiger z. B. *Scheuner,* Der Schutz der Gewissensfreiheit im Recht der Kriegsdienstverweigerer, DÖV 1951, S. 201, 202 und BVerfGE Bd. 3, S. 225, 232 f., Urt. v. 18. 12. 1953 sowie Bd. 4, S. 294, 296, Beschl. v. 5. 10. 1955; ferner BGHZ Bd. 10, S. 266, 276, Urt. v. 14. 7. 1953.

[16] Dazu u. a. *Bachof,* Verfassungswidrige Verfassungsnormen? (1951), S. 38; *Hamann - Lenz,* Grundgesetz (1970), Einführung A 2, S. 39 f.; *Maunz,* Die verfassungsgebende Gewalt im Grundgesetz, DÖV 1953, S. 645, 646; BVerfGE Bd. 1, S. 14, 32, Urt. v. 23. 10. 1951; BayVerfGH DÖV 1959, S. 182, Entsch. v. 24. 10. 1958 m. w. Nachw.

[17] s. o. unter E.

G. Einige Anwendungsbeispiele der Pflichtengrenze der (Un-)Zumutbarkeit

Bereits zu Beginn der Arbeit wurden zahlreiche Beispiele aus der Rechtsprechung und dem Schrifttum behandelt, in denen sich die Verwendung der (Un-)Zumutbarkeit als pflichtenbegrenzendes Merkmal nachweisen ließ[1]. Inzwischen steht fest, daß sich aus der analogen Anwendung des § 242 BGB eine Grenze für alle öffentlich-rechtlichen Pflichten des Bürgers — ausgenommen enteignungsrechtliche Pflichten[2] — ergibt[3]. Diese Erkenntnis gilt es nunmehr auf einige Beispiele anzuwenden, in denen die Beschränkung öffentlich-rechtlicher Pflichten durch die (Un-)Zumutbarkeit naheliegt, ohne daß dies in der Literatur bisher gesehen oder mit genügender Deutlichkeit herausgestellt worden wäre.

I. Lehre vom Vertrauensschutz

Nach der Lehre vom Vertrauensschutz kommt es bei der Frage, ob ein rechtswidriger begünstigender Verwaltungsakt zurückgenommen werden kann oder ein rückwirkendes belastendes Gesetz zulässig ist, darauf an, ob das Vertrauen der Betroffenen geschützt werden muß oder nicht[4]. Letztlich geht es bei diesen Ausgestaltungen des Vertrauensschutzgedankens[5] um die Grenzen öffentlich-rechtlicher Duldungspflichten des Bürgers, nämlich die, inwieweit der einzelne gegenüber dem Staat die Rücknahme rechtswidriger begünstigender Verwaltungsakte oder die Rückwirkung belastender Gesetze hinzunehmen hat. Daher ist die Pflichtengrenze der (Un-)Zumutbarkeit anwendbar, mit der

---

[1] s. o. unter B. IV. die Zusammenfassung mit Rückverweisungen; allgemein zur pflichtenbegrenzenden Funktion der (Un-)Zumutbarkeit s. o. unter B. III.

[2] s. o. unter F.

[3] s. o. unter D. IV. 2.

[4] So u. a. *Kimminich*, Die Rückwirkung von Gesetzen, JZ 1962, S. 518, 521; *Neumann*, Die Grenzen des Vertrauensschutzes im öffentlichen Recht, NJW 1962, S. 1085; BVerfGE Bd. 11, S. 64, 72, Beschl. v. 4. 5. 1960, Bd. 13, S. 261, 271, Urt. v. 19. 12. 1961, Bd. 19, S. 119, 227, Beschl. v. 24. 9. 1965; BVerwGE Bd. 9, S. 251, 253, Urt. v. 28. 10. 1959, Bd. 19, S. 188, 189, Urt. v. 24. 8. 1964.

[5] Zu anderen, hier nicht in Betracht kommenden Ausformungen, *Ossenbühl*, Vertrauensschutz im sozialen Rechtsstaat, DÖV 1972, S. 25, 28 f. unter b), S. 29 unter c) und b) sowie S. 29 - 32 unter 2 a) und b).

Folge, daß sich der Umfang der genannten Duldungspflichten nach dem Merkmal der (Un-)Zumutbarkeit bemißt[6].

Vereinzelt wird dieses Ergebnis der Sache nach im Schrifttum gebilligt. So verwendet *Haueisen*[7] bei der Rücknahme rechtswidriger begünstigender Verwaltungsakte das „Kriterium der Zumutbarkeit"[8]. Um das Problem der Zulässigkeit rückwirkender Gesetze zu lösen, hält *Paulick*[9] den Gesichtspunkt der Zumutbarkeit für entscheidend und *Kimminich*[10] erkennt, daß es darum gehe, die „Grenzen des Zumutbaren" zu finden und „welche Opfer der Einzelne der Gemeinschaft zu bringen verpflichtet" sei.

Die hier vertretene Ansicht, wonach die Lehre vom Vertrauensschutz nur ein Anwendungsfall der umfassenden Pflichtengrenze der (Un-)Zumutbarkeit ist, wird dadurch bestärkt, daß jenes Rechtsinstitut vielfach auf Treu und Glauben gestützt wird[11], also auf denselben Gesichtspunkt, wie er des öfteren bei der Beschränkung öffentlich-rechtlicher Pflichten angetroffen wurde[12] und wie er in Gestalt des § 242 BGB anderen Begründungen der Pflichtengrenze der (Un-)Zumutbarkeit vorgezogen wurde[13].

Schließlich wird von der Lehre vom Vertrauensschutz eine Abwägung zwischen den Einzel- und den Allgemeininteressen gefordert[14] wie

---

[6] Vgl. auch *Ossenbühl*, Vertrauensschutz, DÖV 1972, S. 25, 27, wonach der Vertrauensschutz als Gegenprinzip der Staatsgewalt gegenüberstehe.

[7] Zum Problem des Vertrauensschutzes im Verwaltungsrecht, DVBl 1964, S. 710, 715.

[8] Ähnlich *Neumann*, Grenzen des Vertrauensschutzes, NJW 1962, S. 1085; *Werner*, Zum Verhältnis von gesetzlichen Generalklauseln und Richterrecht, Karlsruhe 1966, S. 10; BVerwGE Bd. 9, S. 251, 256, Urt. v. 28. 10. 1959.

[9] Grundgesetz, StbJb 1957/58, S. 85, 117 f.

[10] Rückwirkung, JZ 1962, S. 518, 519.

[11] *Forsthoff*, Verwaltungsrecht (1966), S. 165; *Gowa*, Treu und Glauben im Verwaltungsrecht (1933), S. 60 f.; *Mattern*, Treu und Glauben (1958), S. 26 Textziffer 22; *Neumann*, Grenzen des Vertrauensschutzes, NJW 1962, S. 1085; *Soergel - Siebert - Knopp*, BGB (1967), § 242, Anm. 83; BVerwGE Bd. 8, S. 261, 269, Urt. v. 24. 4. 1959, Bd. 9, S. 251, 253, Urt. v. 28. 10. 1959, Bd. 10, S. 308, 309, Urt. v. 12. 5. 1960, Bd. 19, S. 188, 189, Urt. v. 24. 8. 1964, Bd. 21, S. 119, 124, Urt. v. 13. 5. 1965 sowie DÖV 1967, S. 273, 274, Urt. v. 20. 10. 1965 u. a.; OVG Hamburg, DÖV 1967, S. 273, Urt. v. 21. 1. 1966; a. M. u. a. (Ableitung aus dem Grundsatz der Rechtssicherheit) *Haueisen*, Problem des Vertrauensschutzes, DVBl 1964, S. 710, 714; *Kimminich*, Rückwirkung, JZ 1962, S. 518, 521; BVerfGE Bd. 13, S. 215, 224, Beschl. v. 14. 11. 1961, Bd. 13, S. 261, 271, Urt. v. 19. 12. 1961, Bd. 14, S. 288, 297, Beschl. v. 11. 10. 1962; vermittelnd *Ossenbühl*, Die Rücknahme fehlerhafter begünstigender Verwaltungsakte, Neue Kölner rechtswissenschaftliche Abhandlungen, Heft 29, Berlin 1964, S. 78 und *derselbe*, Vertrauensschutz, DÖV 1972, S. 25, 27.

[12] s. o. unter D. IV. mit Rückverweisungen.

[13] s. o. unter D. IV. 2.

[14] Zur Interessenabwägung bei der Lehre vom Vertrauensschutz z. B. *Ossenbühl*, Rücknahme (1964), S. 18; BVerwGE Bd. 6, S. 1, 7 f., Urt. v. 28. 6. 1957, Bd. 19, S. 188, 189 f., Urt. v. 24. 8. 1964; BSGE Bd. 10, S. 72, 74 f., Urt. v.

sie auch mit der Pflichtengrenze der (Un-)Zumutbarkeit einhergeht[15], was ebenfalls zeigt, daß es richtig ist, in der Pflichtengrenze der (Un-)Zumutbarkeit den Vertrauensschutzgedanken in den hier gemeinten beiden Ausformungen mitenthalten zu sehen.

II. Eidespflicht

Zahlreiche öffentlich-rechtliche Gesetze enthalten Vorschriften, die bestimmten Personen die Pflicht zur Eidesleistung auferlegen. So haben der Bundespräsident (Art. 56 GG), der Bundeskanzler und die Bundesminister (Art. 64 Abs. 2 GG i. V. m. § 3 Bundesministergesetz)[16] sowie der Wehrbeauftragte (§ 14 Abs. 4 Gesetz über den Wehrbeauftragten)[17] einen Eid zu leisten, dessen Inhalt in Art. 56 GG festgelegt ist und der die genannten Personen ohne Einschränkung dazu zwingt, die Worte „Ich schwöre" zu gebrauchen[18].

Weitere Eidesbestimmungen — beispielsweise § 58 Abs. 3 BBG für Beamte, § 11 Abs. 2 BVerfGG für Richter des Bundesverfassungsgerichts und § 9 Abs. 1 S. 3 SoldG für Soldaten — lassen demgegenüber zwar Ausnahmen von dem Gebrauch der Worte „ich schwöre" zu, jedoch nur für Mitglieder einer Religionsgesellschaft, denen ein Gesetz gestattet, andere Beteuerungsformeln zu gebrauchen[19]. Folglich greifen diese Ausnahmen dann nicht ein, wenn ein entsprechendes Gesetz fehlt — so etwa für die jegliches Schwören ablehnenden Quäker und Zeugen Jehovas[20] — oder diejenigen, die nicht „schwören" wollen, nicht Mitglied einer Religionsgesellschaft sind — so die Atheisten oder im vom Bayerischen Verfassungsgerichtshof entschiedenen Fall ein Zählermechanikermeister, der es aus religiösen Gründen ablehnte, den in Art. 187 BayVerf[21] vorgesehenen Verfassungseid zu leisten[22]. Die Ausnahmen von der Eidespflicht erweisen sich damit als unzureichend[23].

---

11. 6. 1959; BGH DÖV 1961, S. 62, Urt. v. 26. 11. 1958; zur Interessenabwägung bei der Pflichtengrenze der (Un-)Zumutbarkeit s. o. unter D. IV. 2.

[15] s. o. unter D. IV. 2.

[16] Gesetz über die Rechtsverhältnisse der Mitglieder der Bundesregierung (Bundesministergesetz) i. d. F. v. 27. 7. 1971 (BGBl I, S. 1166).

[17] v. 26. 6. 1957 (BGBl I, S. 652).

[18] Ebenso für Richter § 38 Deutsches Richtergesetz v. 8. 9. 1961 (BGBl I, S. 1665), zuletzt geändert durch Gesetz v. 10. 9. 1971 (BGBl I, S. 1557).

[19] Vgl. ferner etwa § 66 e i. V. m. § 66 c StPO und § 484 i. V. m. § 481 ZPO.

[20] *Bahlmann*, Der Eideszwang als verfassungsrechtliches Problem, in: Festschrift für A. Arndt, Frankfurt a. M. 1969, S. 37, 49; ferner *K. Peters*, Eid, in: Staatslexikon, 2. Bd., 6. Aufl., Freiburg 1958, Sp. 1055, 1056.

[21] Verfassung des Freistaates Bayern v. 2. 12. 1946 (bayGVBl, S. 333), zuletzt geändert durch Gesetz v. 15. 6. 1970 (bayGVBl, S. 239).

[22] BayVerfGHE Bd. 17 (1964), S. 94, 95, Entsch. v. 26. 11. 1964.

[23] Ebenso jetzt BVerfG NJW 1972, S. 1183, 1185, Beschl. v. 11. 4. 1972.

Was die Atheisten betrifft, so lehnen sie einen Eid deshalb ab, weil durch das für sie unabdingbare Wort „schwören“ auf Gott Bezug genommen wird[24]. Der damit „heraufbeschworene“ Gewissenskonflikt ist unausweichlich, denn die in den Eidesnormen enthaltene Regelung, wonach der Eid ohne die religiöse Beteuerung „So wahr mir Gott helfe“ geleistet werden kann, vermag ihm nicht abzuhelfen.

Die erwähnten Gläubigen — Quäker, Zeugen Jehovas und andere — bringt die Eidespflicht in einen Gewissenskonflikt, weil sie im Widerspruch zu dem an zwei Stellen des Neuen Testaments ausgesprochenen Eidesverbot[25] steht. Im Brief des Jakobus (Kapitel 5, Vers 12) heißt es: „Vor allen Dingen aber, meine Brüder, schwört nicht, weder bei dem Himmel noch bei der Erde noch mit einem anderen Eid[26].“ Ähnlich steht es im Evangelium des Matthäus (Kapitel 5, Verse 33 bis 37), auf das sich der Zählermechanikermeister und ein Pastor in den angeführten Entscheidungen des Bayerischen Verfassungsgerichtshofs[27] und des Bundesverfassungsgerichts[28] berief.

Dies alles offenbart, daß die in zahlreichen Gesetzen enthaltene Eidespflicht nicht begrenzt genug ist, um einen Gewissenskonflikt pflichtiger Personen zu verhindern. Wendet man die Pflichtengrenze der (Un-)Zumutbarkeit an, dann darf die Pflicht zur Eidesleistung nicht weiter reichen als sie dem Pflichtigen zumutbar ist. Unzumutbar ist eine Pflichterfüllung, wenn sich der Pflichtige in einem Gewissenskonflikt befindet[29]; dementsprechend ist er von der Eidespflicht zu befreien[30]. Da die Eidesvorschriften einen Gewissenskonflikt nicht vermeiden, die Erfüllung der Eidespflicht bei einem Gewissenskonflikt aber unzumutbar ist, widersprechen die Eidesbestimmungen der Pflichtengrenze der (Un-)Zumutbarkeit und damit dem Rechtsstaatsprinzip[31].

---

[24] So zutreffend *Bahlmann*, Eideszwang, in: Festschrift für A. Arndt (1969), S. 37, 49; *Bauer*, Diensteid und Grenzen der Dienstpflicht, in: Bethke, Eid, Gewissen, Treuepflicht, Frankfurt a. M. 1965, S. 122, 126; *Strahtmann*, Die metaphysische Eselsbrücke der Juristen, in: Bethke, S. 113, 117 und *v. Schlabrendorff*, Abweichende Meinung, NJW 1972, S. 1185, 1186; a. M. BVerfG NJW 1972, S. 1183, Beschl. v. 11. 4. 1972.

[25] Dazu u. a. *Bethke*, Überhaupt nicht schwören, in: Bethke, (Fußn. 24), S. 39 m. Nachw. in Fußn. 1 und BVerfG NJW 1972, S. 1183, 1184; a. M. *v. Schlabrenndorff*, Abweichende Meinung, NJW 1972, S. 1185, 1186.

[26] Die Bibel in der vom Rat der Evangelischen Kirche in Deutschland genehmigten Fassung nach der Übersetzung Luthers, Stuttgart 1967.

[27] BayVerfGHE Bd. 17 (1964), S. 94, 95, Entsch. v. 26. 11. 1964.

[28] BVerfG NJW 1972, S. 1183, Beschl. v. 11. 4. 1972.

[29] Zur Unzumutbarkeit wegen eines Gewissenskonfliktes vgl. oben unter C. III. mit Nachw. in Fußn. 44.

[30] Im Ergebnis ebenso BVerfG NJW 1972, S. 1183, 1184 unter c), auch S. 1185 unter 3., Beschl. v. 11. 4. 1972.

[31] Zur verfassungsrechtlichen Einordnung der Pflichtengrenze der (Un-) Zumutbarkeit in das Rechtsstaatsprinzip s. o. unter E.

An diesem Ergebnis ändert auch der Umstand nichts, daß im Zusammenhang mit der Pflichtengrenze der (Un-)Zumutbarkeit die öffentlichen Interessen zu berücksichtigen sind, und zwar derart, daß sie mit den Interessen des Pflichtigen abzuwägen sind[32]. Das öffentliche Interesse an einer uneingeschränkten oder nur teilweise begrenzten Pflicht zur Eidesleistung ist gegenüber dem Interesse des Pflichtigen, einen Gewissenskonflikt auszuschließen als geringer zu bewerten[33], da es der Gesetzgeber in der Hand hat, anstelle des Eides für die von einem Gewissenskonflikt Betroffenen gleichwertige Beteuerungsformeln einzuführen[34].

Als Beleg dafür kann § 72 Abs. 3 HGB[35] gelten, wonach ein Beamter, der aus Gewissensgründen die Ablegung eines Eides ablehnt, statt der Worte „ich schwöre" die Worte „ich gelobe" gebrauchen kann. Im übrigen geht von einem Vorrang der Interessen des Eidespflichtigen auch der Bundesgesetzgeber aus, wenn er — wie erwähnt — verschiedentlich und in bestimmten Fällen Ausnahmen von dem Gebrauch der Worte „ich schwöre" vorsieht (§§ 58 Abs. 3 BBG, 11 Abs. 2 BVerfGG, 9 Abs. 1 S. 3 SoldG), ohne allerdings zu erkennen, daß diese Befreiungen nur unvollkommen sind.

Eine verfassungskonforme Auslegung der Eidesnormen im Sinne der Pflichtengrenze der (Un-)Zumutbarkeit scheidet aus. Sie würde voraussetzen, daß der Wortlaut dieser Bestimmungen auslegungsfähig ist[36]. Das aber trifft für die Eidesvorschriften nicht zu, da sie unmißverständlich die Pflicht zum Schwören anordnen und davon eindeutig nur eng begrenzte Ausnahmen zulassen[37].

---

[32] s. o. unter D. IV. 2.

[33] Ähnlich jetzt BVerfG NJW 1972, S. 1183, 1184 f. unter c), Beschl. v. 11. 4. 1972; vgl. auch BVerfGE Bd. 32, S. 98, 109, Beschl. v. 19. 10. 1971, wo für einen Glaubenskonflikt das Zurückweichen des Strafrechts und damit das Entfallen einer strafrechtlichen Pflicht (§ 330 c StGB) befürwortet wird; a. M. *v. Schlabrendorff*, Abweichende Meinung, NJW 1972, S. 1185, 1187.

[34] Ähnlich *Bahlmann*, Eideszwang, in: Festschrift für A. Arndt (1969), S. 37, 50 f. und ausführlich für den Beamteneid *Podlech*, Gewissensfreiheit und Beamteneid, JuS 1968, S. 120, 123 f., einschränkend S. 123, Fußn. 33 für den Eid des Bundespräsidenten, des Bundeskanzlers und der Bundesminister; auch *E.-W. Böckenförde*, Das Grundrecht der Gewissensfreiheit, VVDStRL Bd. 28 (1970), S. 33, 61.

[35] Hessisches Beamtengesetz (HBG) i. d. F. v. 16. 2. 1970 (hess GVBl I, S. 110), zuletzt geändert durch Gesetz v. 24. 5. 1971 (hess GVBl I, S. 122).

[36] A. M. der Sache nach BVerfG NJW 1972, S. 1183, ferner S. 1185 für § 70 Abs. 1 StPO ausdrücklich, Beschl. v. 11. 4. 1972.

[37] Allgemein zu den derart gekennzeichneten Grenzen der verfassungskonformen Auslegung etwa *Michel*, Die verfassungskonforme Auslegung, JuS 1961, S. 274, 277; *Schack*, Die verfassungskonforme Auslegung, JuS 1961, S. 269, 273 f.; *Spanner*, Die verfassungskonforme Auslegung in der Rechtsprechung des Bundesverfassungsgerichts, AöR Bd. 91 (1966), S. 503, 511 f.; BVerfGE Bd. 4, S. 331, 351, Beschl. v. 9. 11. 1955, Bd. 8, S. 28, 34 f., Beschl. v. 11. 6. 1958, Bd. 18, S. 97, 111, Beschl. v. 30. 6. 1964.

Nach alledem ist daran festzuhalten, daß die genannten Eidesbestimmungen die Pflichtengrenze der (Un-)Zumutbarkeit und das Rechtsstaatsprinzip verletzen. Damit ist zugleich erwiesen, daß die Eidesnormen verfassungswidrig[38] und deshalb nichtig sind[39].

Der Erkenntnis von der Verfassungswidrigkeit der Eidesnormen kann nicht entgegengehalten werden, daß es den Personen, die einen Eid nicht leisten wollen, freistehe, nicht Beamter oder dergleichen zu werden[40], denn die Pflichtengrenze der (Un-)Zumutbarkeit gilt ausnahmslos für alle Pflichtigen und — von enteignungsrechtlichen Duldungspflichten abgesehen[41] — für sämtliche öffentlich-rechtlichen Pflichten.

Besonderheiten bestehen insoweit, als es sich bei der Eidesbestimmung des Art. 56 GG und des darauf verweisenden Art. 64 Abs. 2 GG um Verfassungsnormen handelt, deren Verfassungswidrigkeit ausscheidet, wenn sie zulässige Ausnahmen vom Rechtsstaatsprinzip darstellen. Wie in anderem Zusammenhang erwähnt[42], sind solche Ausnahmeregelungen verfassungsrechtlich unbedenklich, soweit sie nicht gegen eine Norm übergesetzlichen Rechts verstoßen.

Zu den überpositiven Normen wird die Gerechtigkeit[43] und das sie enthaltende Rechtsstaatsprinzip[44] gerechnet. Sie setzen dem Verfassungsgesetzgeber mithin unüberwindliche Schranken[45]. Da die Pflichtengrenze der (Un-)Zumutbarkeit in diese beiden überpositiven Gesichtspunkte einzugliedern ist[46] und Art. 56 GG und Art. 64 Abs. 2 GG

---

[38] s. o. unter E.

[39] Zu den streitigen Rechtsfolgen der Verfassungswidrigkeit im einzelnen vgl. oben unter E.

[40] So auch *Bahlmann*, Eideszwang. in: Festschrift für A. Arndt (1969), S. 37, 46; *Podlech*, Gewissensfreiheit, JuS 1968, S. 120, 124 mit Fußn. 37; mißverständlich *Ule*, Öffentlicher Dienst, in: Bettermann - Nipperdey, Die Grundrechte, 4. Bd., 2. Halbbd., Berlin 1962, S. 537, 573; anders BayVerfGHE Bd. 17, (1964), S. 94, 103 f., Entsch. v. 26. 11. 1964 unter Bezugnahme auf *Ule*.

[41] s. o. unter F.

[42] s. o. unter F. mit Nachw. in Fußn. 15.

[43] z. B. *Brunner*, Gerechtigkeit, Zürich 1943, S. 101 f.; *Coing*, Grundsätze (1947), S. 30, 54, 57 f.; *derselbe*, Rechtsphilosophie (1969), S. 188, 198, 199 f.; *Henkel*, Rechtsphilosophie (1964), S. 322, auch S. 300; BayVerfGHE, Bd. 4 (1951), S. 51, 58 f., Entsch. v. 14. 3. 1951.

[44] *Hamann - Lenz*, Grundgesetz (1970), Einführung D 1 A 1, S. 55; BayVerf GHE Bd. 3 (1950), S. 28, 48 i. V.m. S. 47, Entsch. v. 24. 4. 1950.

[45] BayVerfGHE Bd. 3 (1950), S. 28, 48 i. V. m. S. 47, Entsch. v. 24. 4. 1950, Bd. 4 (1951), S. 51, 59, Entsch. v. 14. 3. 1951; für die Bindung des Verfassungsgebers an die Gerechtigkeit insoweit zustimmend *Nawiasky - Leusser - Schweiger - Zacher*, Die Verfassung des Freistaates Bayern, 2. Aufl., München 1964, Art. 60, Anm. 5 S. 4, einschränkend S. 7 unter 4; ähnlich, wenngleich großzügiger, BVerfGE Bd. 3, S. 225, 233, Urt v. 18. 12. 1953 und Bd. 4, S. 294, 296, Beschl. v. 5. 10. 1955 für die Gerechtigkeit; wie das Bundesverfassungsgericht auch *v. Mangoldt - Klein*, Grundgesetz (1957), Einleitung IV 7 a, S. 10.

[46] s. o. unter E.

ihr widersprechen, verstoßen die genannten Vorschriften gegen überpositives Recht mit der Folge, daß es sich bei ihnen um verfassungswidriges Verfassungsrecht handelt.

Zur Verfassungswidrigkeit der Eidesbestimmungen[47] gelangt man auch, sofern man das Grundrecht der Gewissensfreiheit dahin begreift, daß der Staat in den Fällen, in denen „eine generelle rechtliche Regelung einzelne zu gewissenswidrigem Verhalten verpflichtet", „rechtliche Alternativen bereitzustellen" habe[48]. Dann nämlich verstoßen die Eidesbestimmungen wegen des in ihnen angeordneten Eideszwanges gegen Art. 4 Abs. 1 GG mit dem Ergebnis, daß — infolge der überpositiven Natur des Grundrechts der Gewissensfreiheit[49] — auch Art. 56 GG und Art. 64 Abs. 2 GG verfassungswidrig sind[50]. So gesehen enthält Art. 4 Abs. 1 GG — beschränkt auf den Fall eines Gewissenskonfliktes — eine besondere Ausgestaltung der Pflichtengrenze der (Un-)Zumutbarkeit. Insoweit kann die durch die (Un-)Zumutbarkeit gebildete Schranke öffentlich-rechtlicher Pflichten nicht nur auf das Rechtsstaatsprinzip gestützt werden, sondern auch auf Art. 4 Abs. 1 GG[51].

---

[47] Einen Verstoß gegen Art. 136 Abs. 4 WRV i. V. m. Art. 140 GG bejaht BVerfG NJW 1972, S. 1183, Beschl. v. 11. 4. 1972 hinsichtlich Art. 56 GG, vorausgesetzt, der ohne religiöse Beteuerung geleistete Eid habe einen religiösen Bezug, was es im Gegensatz zu *Bahlmann*, Eideszwang, in: Festschrift für A. Arndt (1969), S. 37, 49, *v. Schlabrendorff*, Abweichende Meinung, NJW 1972, S. 1185, 1186 u. a. (Nachw. oben Fußn. 24) unzutreffenderweise verneint.

[48] So der grundsätzliche Ausgangspunkt bei *Podlech*, Das Grundrecht der Gewissensfreiheit und die besonderen Gewaltverhältnisse, Schriften zum Öffentlichen Recht, Bd. 92, Berlin 1969, S. 35; ihm folgend *Bäumlin*, Das Grundrecht der Gewissensfreiheit, VVDStRL Bd. 28 (1970), S. 3, 21 f.; auch *E.-W. Böckenförde*, Gewissensfreiheit, VVDStRL Bd. 28 (1970), S. 33, 61 f. und bereits früher *Luhmann*, Die Gewissensfreiheit und das Gewissen, AöR Bd. 90 (1965), S. 257, 273 - 276, insbes. S. 276.

[49] Dazu etwa *Hamann - Lenz*, Grundgesetz (1970), Art. 4, Anm. A 1; *Maunz*, Staatsrecht (1969), S. 94 (dort auch allgemein zu den „überstaatlichen" Grundrechten); HessStGH NJW 1966, S. 31, 33 unter 7, Urt. v. 27. 10. 1965.

[50] So für alle Eidesbestimmungen *Knoche*, Der Eideszwang und das Gewissen, Recht und Politik 1970, S. 21, 23 f.; ebenso für § 58 BBG und entsprechende Landesvorschriften *Podlech*, Gewissensfreiheit, JuS 1968, S. 120, 125; *derselbe*, Grundrecht der Gewissensfreiheit (1969), S. 121 f. für den Beamteneid, S. 122 f. für die Eidespflicht der Laien- und Berufsrichter sowie S. 129 f. für den Soldateneid; wohl auch *Bahlmann*, Eideszwang, in: Festschrift für A. Arndt (1969), S. 37, 48 f.; inkonsequent BVerfG NJW 1972, S. 1183, 1185, Beschl. v. 11. 4. 1972, das einerseits meint, die Eidesbestimmungen entsprächen „nicht in vollem Umfang" „den Forderungen des Art. 4 Abs. 1 GG", andererseits aber ihre Verfassungsmäßigkeit bejaht; a. M. für den Verfassungseid nach Art. 187 BayVerfGHE Bd. 17 (1964), S. 94, 99 - 102, Entsch. v. 26. 11. 1964, ein Ergebnis, das sich nach *Podlech*, Gewissensfreiheit, JuS 1968, S. 120, 125 mit einer verfassungskonformen Auslegung rechtfertigen lassen soll.

[51] Der Sache nach ebenso *Arndt*, Umwelt und Recht, NJW 1966, S. 2204, 2205, nach dem Art. 4 Abs. 1 GG bei einem Gewissenskonflikt von einer Pflicht zu einer Aktivität, z. B. einem Schwur, entbinde.

III. Gemeinderechtliche Pflichten

Die Gemeindeordnungen der Länder ermächtigen die Gemeinden durch Satzung bei dringendem öffentlichen Bedürfnis für die Grundstücke ihres Gebiets den Anschluß an Wasserleitung, Kanalisation, Müllabfuhr, Straßenreinigung und ähnliche der Volksgesundheit dienende Einrichtungen (Anschlußzwang) und die Benutzung dieser Einrichtungen, der öffentlichen Begräbnisplätze, Bestattungseinrichtungen und Schlachthöfe (Benutzungszwang) vorzuschreiben[52].

Die Einführung des Anschlußzwanges bedeutet, daß die Grundstückseigentümer im Geltungsbereich der gemeindlichen Satzung verpflichtet sind, die Vorkehrungen zu treffen, die ihnen die Benutzung der gemeindlichen Einrichtungen ermöglicht[53]. Die Anordnung des Benutzungszwanges legt den erfaßten Personen die Pflicht auf, die bezeichnete gemeindliche Einrichtung zu gebrauchen sowie die Verwendung von Eigenanlagen der von der Satzung erfaßten Art zu unterlassen und ähnliche Einrichtungen Dritter nicht mehr in Anspruch zu nehmen[54].

Durch den Anschlußzwang wird ein Grundstückseigentümer beispielsweise verpflichtet, einen Hausanschluß herzustellen[55], durch den Benutzungszwang ist es ihm verwehrt, seine zuvor errichtete Wasserversorgungsanlage zu gebrauchen[56] oder sich eines privaten Müllabfuhrunternehmens zu bedienen[57].

Derartige Fälle werden vorwiegend unter dem Blickwinkel gesehen, ob die einmal erfolgte Einführung des Anschluß- oder Benutzungszwanges für die Betroffenen eine entschädigungspflichtige Enteignung bedeute oder nicht[58]. Diesem Problem vorgelagert ist jedoch die Frage, ob die durch den Anschluß- und Benutzungszwang begründeten Pflich-

---

[52] z. B. Art. 24 Abs. 1 Nr. 2 Gemeindeordnung für den Freistaat Bayern (GO) i. d. F. v. 14. 12. 1970 (bayGVBl 1971, S. 13); § 19 Abs. 2 S. 1 Hessische Gemeindeordnung (HGO) i. d. F. v. 1. 7. 1960 (hess GVBl, S. 103, berichtigt S. 164), zuletzt geändert durch Gesetz v. 2. 11. 1971 (hess GVBl, S. 253); § 8 Nr. 2 S. 1 Niedersächsische Gemeindeordnung (NGO) i. d. F. v. 27. 10. 1971 (nds GVBl, S. 321); § 19 S. 1 Gemeindeordnung für das Land Nordrhein-Westfalen i. d. F. v. 11. 8. 1969 (nwGVBl, S. 656).

[53] In diesem Sinn z. B. BayVGHE Bd. 8 (1955), S. 15, 19, Urt. v. 17. 12. 1954 und *Söhn*, Eigentumsrechtliche Probleme des gemeindlichen Anschluß- und Benutzungszwanges, Diss. München 1965, S. 27.

[54] So etwa BayVGHE Bd. 8 (1955), S. 15, 19, Urt. v. 17. 12. 1954 und *Helmreich - Widtmann*, Bayerische Gemeindeordnung, München 1966, Art. 24, Anm. 9, S. 186.

[55] *Söhn*, Eigentumsrechtliche Probleme (1965), S. 27.

[56] So der Fall BayVerfGHE Bd. 16 (1963), S. 128.

[57] So der Fall BGHZ Bd. 40, S. 355, Urt. v. 30. 9. 1963.

[58] Vgl. dazu nur die erwähnte Dissertation *Söhns* über „Eigentumsrechtliche Probleme des gemeindlichen Anschluß- und Benutzungszwanges"; ferner etwa *Helmreich - Widtmann*, Gemeindeordnung (1966), Art. 24, Anm. 11, S. 187 f.; BVerwG DÖV 1960, S. 594, Beschl. v. 25. 2. 1960; BayVGHE Bd. 7 (1954), S. 12, 24 f., Urt. v. 13. 11. 1953 und Bd. 14 (1961), S. 24, 26 f.; BayVerf GHE Bd. 16 (1963), S. 128, 132 - 135, Entsch. v. 12. 11. 1963.

ten den Betroffenen überhaupt uneingeschränkt auferlegt werden dürfen oder ob nicht bei Unzumutbarkeit von diesen Pflichten befreit werden muß.

Sie wird beantwortet durch die Pflichtengrenze der (Un-)Zumutbarkeit, die — abgesehen von enteignungsrechtlichen Duldungspflichten[59] — für alle öffentlich-rechtlichen Pflichten gilt. Da die den Anschluß- und Benutzungszwang anordnenden gemeinderechtlichen Vorschriften nicht zu Enteignungen ermächtigen[60], sie somit auch keine enteignungsrechtlichen Duldungspflichten auferlegen dürfen, sind die Pflichten auf Grund des Anschluß- und Benutzungszwanges nicht von der Pflichtengrenze ausgenommen. Daraus folgt, daß die durch den Anschluß- und Benutzungszwang Betroffenen bei Unzumutbarkeit von ihren Pflichten zu befreien sind.

An diesem Ergebnis ändert sich nichts, wenn man es mit den bei der Pflichtengrenze der (Un-)Zumutbarkeit zu berücksichtigenden öffentlichen Interessen abwägt. Bei den Befreiungen vom Anschluß- und Benutzungszwang wegen Unzumutbarkeit wird es sich immer nur um wenige Ausnahmefälle handeln. Eine im Verhältnis zu allen Anschluß- und Benutzungspflichtigen geringe Anzahl von Befreiten kann die Durchführung des Anschluß- und Benutzungszwanges aber nicht gefährden, so daß öffentliche Interessen einer Befreiung wegen Unzumutbarkeit nicht entgegenstehen.

Befreiungen vom Anschluß- und Benutzungszwang wegen Unzumutbarkeit werden verschiedentlich auch vom Schrifttum[61] und von der Rechtsprechung[62] befürwortet[63]. So meint *Söhn*[64], bei einer unzumut-

---

[59] s. o. unter F.

[60] Dazu besonders *Beinhardt*, Nochmals Benutzungszwang und Eigentumsgarantie, BayVBl 1962, S. 205, 206 f. und *v. Jacobs*, Der öffentlich-rechtliche Benutzungszwang in der Verwaltungsordnung, Münster 1963, S. 107; ferner *Köttgen*, Gemeindliche Daseinsvorsorge und gewerbliche Unternehmerinitiative, Göttinger rechtswissenschaftliche Studien, Bd. 34, Göttingen 1961, S. 50; BayVGHE Bd. 7 (1954), S. 12, 24, Urt. v. 13. 11. 1953; BayVerfGHE Bd. 16 (1963), S. 128, 134, Entsch. v. 12. 11. 1963.

[61] *Beinhardt*, Benutzungszwang, BayVBl 1962, S. 205, 207; *Isensee*, Subsidiaritätsprinzip (1968), S. 311; *Söhn*, Eigentumsrechtliche Probleme (1965), S. 31 und S. 33 für den Anschlußzwang, S. 93 und 94 für den Benutzungszwang; ferner *Badura*, Verwaltungsmonopol (1963), S. 123; *v. Jacobs*, Benutzungszwang (1963), S. 110.

[62] BayVGHE Bd. 7 (1954), S. 12, 26, Urt. v. 13. 11. 1953, Bd. 8 (1955), S. 15, 21, Urt. v. 17. 12. 1954 und Bd. 14 (1961), S. 24, 26, Urt. v. 17. 3. 1961; OVG Münster OVGE Bd. 24 (1970), S. 219, 227, Urt. v. 9. 1. 1969.

[63] Im Ergebnis ebenso etwa *Gönnenwein*, Gemeinderecht, Tübingen 1963, S. 518 (Befreiung eines Selbstversorgers aus „verfassungsrechtlichen Gründen") und *Wolff*, Verwaltungsrecht II, 3. Aufl., München 1970, S. 340 (eine Satzung, die abstrakt gebotene Befreiungen vom Anschluß- und Benutzungszwang nicht vorsehe, sei rechtswidrig); weitergehend *Köttgen*, Daseinsvorsorge (1961), S. 76, der im Falle des unzureichend Versorgten einen Anspruch auf Befreiung vom Monopolzwang bejaht, ohne daß die Frage der Zumutbarkeit überhaupt aufgeworfen werden dürfe.

[64] Eigentumsrechtliche Probleme (1965), S. 31 und S. 33.

baren finanziellen Belastung einzelner Anschlußpflichtiger müßten die Betroffenen wegen Unzumutbarkeit vom Anschlußzwang freigestellt werden und das Oberverwaltungsgericht Münster[65] ist der Ansicht, eine Brauerei, die eine eigene Wasserversorgungsanlage (Brunnen) besitze, sei vom Benutzungszwang zu befreien, weil es ihr unzumutbar sei, das zum Brauen benötigte Wasser aus der öffentlichen Wasserleitung zu entnehmen.

Sofern sich für die geschilderte Auffassung Begründungen finden, wird allerdings nicht auf die Pflichtengrenze der (Un-)Zumutbarkeit abgestellt, sondern meistens darauf verwiesen, daß es bei Unzumutbarkeit einer Freistellung bedürfe, weil ohne sie in derartigen Fällen eine Enteignung vorliege, die durch die gemeinderechtlichen Bestimmungen über den Anschluß- und Benutzungszwang nicht gedeckt werde[66].

Anders gewendet lautet diese Argumentation: Würden die gemeinderechtlichen Vorschriften zu Enteignungen ermächtigen, dann brauchte von den Pflichten des Anschluß- und Benutzungszwanges bei Unzumutbarkeit nicht befreit zu werden. So gesehen wird die an anderer Stelle[67] gemachte Erkenntnis bestätigt, daß nach Art. 14 Abs. 3 GG zulässige enteignungsrechtliche Duldungspflichten nicht der Pflichtengrenze der (Un-)Zumutbarkeit unterfallen.

Demgegenüber ist die Begründung in ihrer ursprünglichen Gestalt mißverständlich, denn sie verleitet zu der Annahme, daß von öffentlich-rechtlichen Pflichten wegen Unzumutbarkeit nur dann befreit werden müsse, soweit andernfalls eine unzulässige Enteignung zu erwarten sei. Eine derartige Sicht würde verkennen, daß öffentlich-rechtliche Pflichten auch dann durch die Unzumutbarkeit beschränkt werden, wenn sie das Eigentum im Sinne des Art. 14 GG überhaupt nicht berühren. Das ergibt die Anwendung des § 242 BGB im öffentlichen Recht und die darauf fußende Pflichtengrenze der (Un-)Zumutbarkeit[68]. Danach ist beispielsweise bei Unzumutbarkeit ein Grundstückseigentümer von den ihm durch den Anschluß- und Benutzungszwang auferlegten Pflichten zu befreien, sofern sie — wie etwa bei der Pflicht, auf eigene Kosten einen Hausanschluß herzustellen — lediglich das Vermögen als

---

[65] OVGE Bd. 24 (1970), S. 219, 227, Urt. v. 9. 1. 1969.

[66] In diesem Sinn besonders *Beinhardt*, Benutzungszwang, BayVBl 1962, S. 207 i. V. m. S. 206; ferner *Badura*, Verwaltungsmonopol (1963), S. 123; *Schick*, Untergesetzliche Rechtssätze als Enteignungsnormen, DVBl 1962, S. 774, 777; auch *Köttgen*, Daseinsvorsorge (1961), S. 75 für den Selbstversorger, ohne die Unzumutbarkeit zu erwähnen; BayVGHE Bd. 7 (1954), S. 12, 26, Urt. v. 13. 11. 1953, Bd. 8 (1955), S. 15, 21, Urt. v. 17. 12. 1954 und Bd. 14 (1961), S. 24, 26, Urt. v. 17. 3. 1961; BayVerfGHE Bd. 16 (1963), S. 128, 134 f., Entsch. v. 12. 11. 1963.

[67] s. o. unter F.

[68] s. o. unter D. IV. 2.

solches treffen[69], das nach herrschender Meinung durch Art. 14 GG nicht geschützt wird[70].

Wenn nach alledem feststeht, daß die Pflichtengrenze der (Un-)Zumutbarkeit die gemeinderechtlichen Pflichten aus dem Anschluß- und Benutzungszwang beschränkt, so bleibt noch zu erörtern, wie sich diese Erkenntnis verfassungsrechtlich auswirkt. Da die gemeinderechtlichen Vorschriften, die den Anschluß- und Benutzungszwang regeln, keine Begrenzung durch die (Un-)Zumutbarkeit oder einen gleichwertigen Gesichtspunkt aufweisen, ist an ihre Verfassungswidrigkeit zu denken. Diese ließe sich damit begründen, daß die gemeinderechtlichen Bestimmungen nicht der Pflichtengrenze der (Un-)Zumutbarkeit genügen, was einem Verstoß gegen das Rechtsstaatsprinzip entspreche, auf das sich die Pflichtengrenze — wie erinnerlich — stützt[71].

Eine solche Argumentation würde allerdings übersehen, daß nicht die gemeinderechtlichen Normen selbst die Pflichten des Anschluß- und Benutzungszwanges begründen, sondern sie die Gemeinden lediglich ermächtigen, durch Satzung solche öffentlich-rechtlichen Pflichten aufzuerlegen[72]. Deshalb müssen auch nicht die gemeinderechtlichen Ermächtigungsgrundlagen der Pflichtengrenze der (Un-)Zumutbarkeit entsprechen, sondern die gemeindlichen Satzungen. Verfassungswidrig wären die gemeinderechtlichen Vorschriften daher erst dann, wenn sie die Gemeinden nicht ermächtigten, Pflichtige bei Unzumutbarkeit von den Pflichten des Anschluß- und Benutzungszwanges zu befreien.

Das ist indes nicht der Fall. Die Gemeindeordnungen sehen in der Regel vor, daß die Satzung vom Anschluß- und Benutzungszwang Ausnahmen zulassen kann[73]. Diese Bestimmungen sind derart weit gefaßt, daß eine Regelung die Pflichtigen bei Unzumutbarkeit von den Pflichten des Anschluß- und Benutzungszwanges zu befreien, von ihnen gedeckt wird[74].

---

[69] Zu dem Beispielsfall und der bloßen Berührung des Vermögens, nicht des Eigentums zutreffend *Söhn*, Eigentumsrechtliche Probleme (1965), S. 30.

[70] Grundlegend BVerfGE Bd. 4, S. 7, 17, Urt. v. 20. 6. 54; BVerwGE Bd. 10, S. 3, 7, Urt. v. 6. 8. 1959 und Bd. 12, S. 140, 162, Urt. v. 24. 3. 1961; *Haas*, System (1955), S. 39; *Hamann*, Deutsches Wirtschaftsverfassungsrecht, Neuwied usw. 1958, S. 141; *Hamann - Lenz*, Grundgesetz (1970), Art. 14, Anm. B 1 b), S. 281; *v. Mangoldt - Klein*, Grundgesetz, (1957), Art. 14, Anm. III 1 b, S. 425; a. M. etwa *Huber*, Wirtschaftsverwaltungsrecht, (1954), S. 21 f., auch S. 240 f. für die Investitionshilfe.

[71] s. o. unter E.

[72] Zur staatlichen Ermächtigung der Gemeinden zur Rechtsetzung im allgemeinen und zur Ermächtigung zur Anordnung des Anschluß- und Benutzungszwanges im besonderen *Badura*, Rechtsetzung durch Gemeinden, DÖV 1963, S. 561, 562 m. w. Nachw. in Fußn. 6 und *Wolff*, Verwaltungsrecht II (1970), S. 196 und S. 339.

[73] So u. a. § 19 Abs. 2 S. 2 HGO, § 8 Nr. 2 S. 2 NGO und § 19 S. 2 nwGO; anders Art. 24 bayGO, der eine Ausnahmeregelung beim Anschluß- und Benutzungszwang vermissen läßt.

[74] In diesem Sinn auch *v. Jacobs*, Benutzungszwang (1963), S. 109 f.

Wenn in diesen Normen das Wort „kann" gebraucht wird, so wird damit ausgedrückt, daß es sich um eine Ermächtigungsgrundlage für den gemeindlichen Satzungsgeber handelt, Ausnahmen vom Anschluß- und Benutzungszwang zuzulassen. Eine andere Deutung, wonach den Gemeinden ein Spielraum eingeräumt werden sollte, der es ihrem Ermessen überließe, vom Anschluß- und Benutzungszwang zu befreien, widerspräche der Pflichtengrenze der (Un-)Zumutbarkeit und damit dem Rechtsstaatsprinzip, das zu beachten nicht in das Ermessen der Gemeinde gestellt ist. Eine verfassungskonforme Auslegung der gemeinderechtlichen Vorschriften müßte daher zu dem Ergebnis kommen, daß diese Kann-Bestimmungen den gemeindlichen Satzungsgeber bindend zu Ausnahmen vom Anschluß- und Benutzungszwang — ermächtigen sollen[75].

Die den Anschluß- und Benutzungszwang betreffenden gemeinderechtlichen Normen sind nach alledem mit der Pflichtengrenze der (Un-)Zumutbarkeit vereinbar. Abweichendes gilt für Art. 24 Abs. 1 Nr. 2 bayGO, der zur Auferlegung von Pflichten des Anschluß- und Benutzungszwanges ermächtigt, ohne gleichzeitig Ausnahmen zuzulassen; er ist wegen Verstoßes gegen die im Rechtsstaatsprinzip enthaltene Pflichtengrenze der (Un-)Zumutbarkeit verfassungswidrig und damit nichtig[76].

---

[75] Im Ergebnis ebenso z. B. *Beinhardt*, Benutzungszwang, BayVBl 1962, S. 205, 207; *v. Jacobs*, Benutzungszwang (1963), S. 110; *Wolff*, Verwaltungsrecht II (1970), S. 340 unter Nr. 3 a. E.; BayVGHE Bd. 7 (1954), S. 12, 27 i. V. m. S. 26, Urt. v. 13. 11. 1953, Bd. 8 (1955), S. 15, 21, Urt. v. 17. 12. 1954, Bd. 14 (1961), S. 24, 26, Urt. v. 17. 3. 1961.

[76] Zu den streitigen Rechtsfolgen der Verfassungswidrigkeit im einzelnen vgl. oben unter E. bei Fußn. 16 ff.

H. Zusammenfassung der wesentlichen Ergebnisse

I. Die Arbeit befaßte sich mit der Frage, ob die Zumutbarkeit und die Unzumutbarkeit öffentlich-rechtlichen Pflichten des Bürgers eine Schranke setzen.

II. Rechtsprechung und Schrifttum konnte entnommen werden, daß sie die verschiedensten öffentlich-rechtlichen Pflichten, beispielsweise die Polizei- und die Wehrpflicht, durch die (Un-)Zumutbarkeit begrenzen. Danach kann dem pflichtigen Bürger eine öffentlich-rechtliche Pflicht nur auferlegt werden, wenn ihm die Erfüllung zumutbar ist; bei Unzumutbarkeit entfällt die Pflicht. Zur Begründung einer derartigen Pflichtengrenze der (Un-)Zumutbarkeit fanden sich Hinweise auf das Übermaßverbot, insbesondere den Grundsatz der Verhältnismäßigkeit, § 242 BGB sowie den Grundsatz von Treu und Glauben; ferner wurden die clausula rebus sic stantibus, das Rechtsstaatsprinzip und der Grundsatz der Zumutbarkeit genannt.

III. Die (Un-)Zumutbarkeit erwies sich als ein subjektbezogener Wertungsmaßstab, der es ermöglicht, öffentlich-rechtliche Pflichten daraufhin zu beurteilen, ob ihre Erfüllung von den pflichtigen Personen erwartet werden kann oder nicht. Aus der Subjektbezogenheit ergab sich, daß die (Un-)Zumutbarkeit als ein Individualisierungsgebot aufgefaßt werden muß. So verstanden verschafft sie individuellen Interessen des Pflichtigen Geltung, ohne daß es auf eine Abwägung mit den Interessen Dritter oder der Allgemeinheit ankäme. Eine Interessenabwägung kann daher erst dann für die (Un-)Zumutbarkeit bedeutsam werden, wenn sie mit einem Gesichtspunkt verbunden wird, der — wie beispielsweise § 242 BGB — seinerseits zu einer Interessenabwägung anweist.

Inhaltlich ist die Unzumutbarkeit durch Umstände auszufüllen, denen ein erhebliches Gewicht zukommt und die es Personen wesentlich erschweren, ihre Pflichten zu erfüllen, so daß sich die Wertung einstellt, die Erfüllung der Pflichten könne nicht erwartet werden. Dazu zählen etwa Umstände, die die wirtschaftliche Existenz des Pflichtigen vernichten oder bedrohen, ihn in einen Gewissenskonflikt bringen oder seine Gesundheit gefährden.

Abschließend und für alle Fälle läßt sich der Inhalt des Begriffs der (Un-)Zumutbarkeit allerdings nicht festlegen. Wegen dieser Ungewißheit ist die (Un-)Zumutbarkeit ein unbestimmter Rechtsbegriff. Ihre Verwendung verstößt deshalb aber nicht gegen das Gebot der Rechtssicherheit; vielmehr wird ihr Gebrauch von der Gerechtigkeit verlangt.

IV. Den für die Pflichtengrenze der (Un-)Zumutbarkeit von der Literatur angeführten Begründungen konnte — von einer Ausnahme abgesehen — nicht gefolgt werden.

Der Grundsatz der Erforderlichkeit unterscheidet sich von der Pflichtengrenze der (Un-)Zumutbarkeit unter anderem dadurch, daß er von mehreren Mitteln ausgeht und von diesen ein einziges — das mildeste — Mittel auswählt, während es bei der Pflichtengrenze von vornherein nur auf eine einzige Pflicht und deren Zumutbarkeit oder Unzumutbarkeit ankommt. Ferner gebrauchen beide Gesichtspunkte voneinander verschiedene Maßstäbe; die Pflichtengrenze stellt auf die (Un-)Zumutbarkeit für die Person des Pflichtigen ab, der Grundsatz der Erforderlichkeit auf den Betroffenen und die Allgemeinheit.

Im Gegensatz zum Grundsatz der Verhältnismäßigkeit stellt die (Un-) Zumutbarkeit keine verhältnismäßige Größe, sondern allein einen Wertungsmaßstab dar. Das Objekt der Wertung — die Beziehung zwischen einer Pflicht und einem Pflichtigen — ist ihr vorgegeben. Demgegenüber muß der Grundsatz der Verhältnismäßigkeit erst eine Beziehung — zwischen Mittel und Zweck — herbeiführen, die zudem eine andere ist als die von der (Un-)Zumutbarkeit vorausgesetzte.

Als allgemeiner Rechtsgrundsatz ließ sich die Pflichtengrenze der (Un-)Zumutbarkeit im öffentlichen Recht nicht nachweisen. Zwar konnte die für einen solchen Rechtsgrundsatz erforderliche Gesetzeslücke festgestellt werden, auch fanden sich zahlreiche öffentlich-rechtliche Vorschriften, die die (Un-)Zumutbarkeit als pflichtenbegrenzendes Tatbestandsmerkmal verwenden, doch scheiterte deren analoge Anwendung an ihrer Vielgestaltigkeit und ihrem Ausnahmecharakter.

Für die clausula rebus sic stantibus stellte sich heraus, daß aus ihr die Pflichtengrenze der (Un-)Zumutbarkeit nicht abgeleitet werden kann, weil der Klauselgedanke kein allgemeines Rechtsprinzip ist. Im übrigen weicht die clausula auch begrifflich von der (Un-)Zumutbarkeit ab.

Schließlich konnte die Pflichtengrenze der (Un-)Zumutbarkeit nicht auf den Grundsatz von Treu und Glauben gestützt werden, da nicht alle gesetzlichen Ausprägungen dieses Grundsatzes, etwa §§ 157, 226, 826 BGB, mit dem Gesichtspunkt der (Un-)Zumutbarkeit etwas zu tun haben.

Als zutreffend erwies es sich demgegenüber, die Pflichtengrenze der (Un-)Zumutbarkeit auf die analoge Anwendung des § 242 BGB im öffentlichen Recht zu stützen. Die (Un-)Zumutbarkeit wird von dem gleichen Ordnungsprinzip getragen wie die Norm des § 242 BGB; daher ist es angebracht, den Gesichtspunkt der (Un-)Zumutbarkeit in eben diese Vorschrift einzugliedern. Sowohl im Zivilrecht als auch im öffentlichen Recht kommt der (Un-)Zumutbarkeit die gleiche pflichtenbegrenzende Funktion zu. Wegen dieser Ähnlichkeit und der in früheren Zusammenhang festgestellten Gesetzeslücke ist es gerechtfertigt, die Begrenzung öffentlich-rechtlicher Pflichten des Bürgers durch die (Un-)Zumutbarkeit auf die analoge Anwendung des § 242 BGB zu gründen.

Da § 242 BGB zu einer Interessenabwägung anweist, bewirkt die Ableitung der Pflichtengrenze der (Un-)Zumutbarkeit aus dieser Bestimmung, daß neben der durch die (Un-)Zumutbarkeit veranlaßten Berücksichtigung individueller Interessen des Pflichtigen öffentliche Interessen zu beachten sind. Für die gekennzeichnete Abwägung ist von der Gleichwertigkeit der Interessen des Pflichtigen und den öffentlichen Interessen auszugehen.

V. Der verfassungsrechtliche Standort der Pflichtengrenze der (Un-)Zumutbarkeit ist im Rechtsstaatsprinzip zu erblicken, weil beide Gesichtspunkte der Beschränkung staatlicher Macht dienen. Gesetzesvorschriften, die dem Bürger öffentlich-rechtliche Pflichten auferlegen, ohne sie durch die (Un-)Zumutbarkeit (oder einen gleichwertigen Gesichtspunkt) zu begrenzen, sind dementsprechend verfassungswidrig.

VI. Der Gegensatz zwischen der Pflichtengrenze der (Un-)Zumutbarkeit und der von Art. 14 Abs. 3 GG gebilligten Pflicht des Bürgers, einen unzumutbaren enteignenden Eingriff (ein unzumutbares Sonderopfer) zu dulden, ist dahin aufzulösen, daß Art. 14 Abs. 3 GG eine verfassungsrechtlich zulässige Ausnahme von der Pflichtengrenze macht. Daraus folgt, daß enteignungsrechtliche Duldungspflichten, die den Voraussetzungen des Art. 14 Abs. 3 GG entsprechen, der Pflichtengrenze der (Un-)Zumutbarkeit nicht unterfallen.

VII. Die Lehre vom Vertrauensschutz ist ein Anwendungsbeispiel für die Pflichtengrenze der (Un-)Zumutbarkeit. Nach dieser Lehre geht es um die Grenzen einer öffentlich-rechtlichen Duldungspflicht des Bürgers, nämlich der, inwieweit der einzelne gegenüber dem Staat die Rücknahme rechtswidriger begünstigender Verwaltungsakte oder die Rückwirkung belastender Gesetze hinzunehmen hat.

Bei einzelnen Vorschriften, die — wie Art. 56 GG und § 58 Abs. 3 BBG — einzelnen Bürgern eine Eidespflicht auferlegen, zeigte sich, daß diese Normen der Pflichtengrenze und damit dem Rechtsstaatsprinzip widersprechen, da die in ihnen ausgesprochenen Eidespflichten nicht begrenzt genug sind, um einen Gewissenskonflikt der pflichtigen Personen zu vermeiden; sie sind deshalb verfassungswidrig.

Demgegenüber erwiesen sich die Bestimmungen der Gemeindeordnungen — abgesehen von Art. 24 Abs. 1 Nr. 2 bayGO — wonach durch Satzung ein Anschluß- und Benutzungszwang vorgeschrieben werden kann, als verfassungsgemäß. Diese Vorschriften ermächtigen nicht dazu, öffentlich-rechtliche Pflichten ohne Ausnahmen zu begründen, sondern ermöglichen Befreiungen von den genannten Pflichten bei Unzumutbarkeit.

Literaturverzeichnis

Abraham, J. (ohne ausgeschriebenen Vornamen) u. a.: Kommentar zum Bonner Grundgesetz (Bonner Kommentar), bearbeitet von *Abraham* u. a., Hamburg 1950 ff., Stand: Oktober 1971
(zit.: Bonner Kommentar)

Anschütz, Gerhard: Lücken in den Verfassungs- und Verwaltungsgesetzen, VerwArch Bd. 14 (1906), S. 315 - 340

Apelt, Willibald: Der verwaltungsrechtliche Vertrag, Leipzig 1920
(zit.: Vertrag)

— Der verwaltungsrechtliche Vertrag, AöR Bd. 84 (1959), S. 249 - 273
(zit.: Vertrag)

Arndt, Adolf: Die Bindungswirkung des Grundgesetzes, BB 1960, S. 993 - 995

— Die Nichtigkeit verfassungswidriger Gesetze, DÖV 1959, S. 81 - 84
(zit.: Nichtigkeit)

— Umwelt und Recht, NJW 1966, S. 2204 - 2206

Auffenberg, Erika: Die clausula rebus sic stantibus im Verwaltungsrecht, Diss. Göttingen 1936
(zit.: clausula)

Bachof, Otto: Begriff und Wesen des sozialen Rechtsstaates, VVDStRL Bd. 12 (1954), S. 37 - 84
(zit.: Begriff)

— Beurteilungsspielraum, Ermessen und unbestimmter Rechtsbegriff im Verwaltungsrecht, JZ 1955, S. 97 - 102
(zit.: Rechtsbegriff)

— Verfassungsrecht, Verwaltungsrecht, Verfahrensrecht in der Rechtsprechung des Bundesverwaltungsgerichts, Bd. II, Tübingen 1967

— Verfassungswidrige Verfassungsnormen? Recht und Staat, Hefte 163/64, Tübingen 1951
(zit.: Verfassungswidrige Verfassungsnormen?)

Badura, Peter: Rechtsetzung durch Gemeinden, DÖV 1963, S. 561 - 570

— Das Verwaltungsmonopol, Berlin 1963
(zit.: Verwaltungsmonopol)

Bäumlin, Richard: Das Grundrecht der Gewissensfreiheit, VVDStRL Bd. 28 (1970), S. 3 - 32

Bahlmann, Kai: Der Eideszwang als verfassungsrechtliches Problem, in: Festschrift für Adolf Arndt, Frankfurt a. M. 1969, S. 37 - 52
(zit.: Eideszwang)

Baldus, Paulheinz und Günther *Willms* (Herausgeber): Strafgesetzbuch (Leipziger Kommentar), 9. Aufl., 3. Lieferung, Berlin 1970

Bartholomeyczik, Horst: Die Kunst der Gesetzesauslegung, 3. Aufl., Frankfurt a. M. 1965
(zit.: Gesetzesauslegung)

Bauer, Fritz: Diensteid und Grenzen der Dienstpflicht, in: Bethke, Eid, Gewissen, Treuepflicht, Frankfurt a. M. 1965, S. 122 - 135

Baumann, Jürgen: Strafrecht, Allgemeiner Teil, 5. Aufl., Bielefeld 1968 (zit.: Strafrecht)

Baumann, Marcel: Der Begriff von Treu und Glauben im öffentlichen Recht, Diss. Zürich 1952 (zit.: Treu und Glauben)

Becker, Enno, Alfred *Riewald* und Karl *Koch:* Reichsabgabenordnung, 9. Aufl., Bd. II, Köln, Berlin, Bonn, München 1965

Behnke, Kurt: Bundesdisziplinarordnung, 2. Aufl., Stuttgart, Berlin, Köln, Mainz 1970 (zit.: BDO)

Beinhardt, Gerd: Nochmals Benutzungszwang und Eigentumsgarantie, Bay VBl 1962, S. 205 - 207 (zit.: Benutzungszwang)

— Der öffentlich-rechtliche Vertrag im deutschen und französischen Recht, VerwArch 55 (1964), S. 151 - 174 und S. 210 - 263 (zit.: Vertrag)

Bellstedt, Christoph: Zur staatsrechtlichen Problematik von Geheimpatenten und -gebrauchsmustern, DÖV 1961, S. 811 - 818

Bender, Bernd: Anmerkung zum Urteil des OVG Lüneburg vom 25. 10. 1956 (DVBl 1957, S. 275), DVBl 1957, S. 278 - 281 (zit.: Anmerkung)

— Verhältnismäßigkeit und Vermeidbarkeit des Verwaltungshandelns, NJW 1955, S. 938 - 939

Bethke, Hildburg: Überhaupt nicht schwören, in: Bethke, Eid, Gewissen, Treuepflicht, Frankfurt a. M. 1965, S. 39 - 50

Bettermann, Karl August und Ernesto *Loh:* Verfassungsrechtliche Bedenken gegen die Besteuerung von Altkontrakten durch das Absicherungsgesetz, BB 1969, S. 70 - 72

Binder, Julius: Bemerkungen zum Methodenstreit in der Rechtswissenschaft, ZHR Bd. 100 (1934), S. 4 - 83

Blomeyer, Arwed: Gewissensprivilegien im Vertragsrecht? JZ 1954, S. 309 bis 312

— Allgemeines Schuldrecht, 4. Aufl., Berlin und Frankfurt a. M. 1969

Bluhm, Gerhard: Das Begriffspaar der Zumutbarkeit und Unzumutbarkeit in der Zivil- und Strafgerichtsbarkeit, SchlHA 1969, S. 174 - 177 (zit.: Zumutbarkeit)

Bochalli, Alfred: Bundesbeamtengesetz, 2. Aufl., München und Berlin 1958

Böckenförde, Christoph: Die sogenannte Nichtigkeit verfassungswidriger Gesetze, Schriften zum Öffentlichen Recht, Bd. 33, Berlin 1966 (zit.: Nichtigkeit)

— Sicherung der Normenkontrolle — aber wie? ZRP 1969, S. 130 - 132

Böckenförde, Ernst-Wolfgang: Entstehung und Wandel des Rechtsstaatsbegriffs, in: Festschrift für Adolf Arndt, Frankfurt a. M. 1969, S. 53 - 76 (zit.: Rechtsstaatsbegriff)

— Das Grundrecht der Gewissensfreiheit, VVDStRL Bd. 28 (1970), S. 33 - 88 (zit.: Gewissensfreiheit)

Boehmer, Gustav: Grundlagen der bürgerlichen Rechtsordnung, 2. Buch, 1. Abteilung, Dogmengeschichtliche Grundlagen des Bürgerlichen Rechts, Tübingen 1951
(zit.: Grundlagen)

Bosch, Friedrich-Wilhelm und Walther J. *Habscheid:* Vertragspflicht und Gewissenskonflikt, JZ 1954, S. 213 - 217
(zit.: Vertragspflicht)

— Nochmals: Vertragspflicht und Gewissenskonflikt, JZ 1956, S. 297 - 303

Brecher, Fritz: Grundrechte im Betrieb, in: Festschrift für Nipperdey, Bd. II, München und Berlin 1965, S. 29 - 54

Brinkmann, Karl: Grundrechts-Kommentar zum Grundgesetz, Bonn 1967

Brunner, Emil: Gerechtigkeit, Zürich 1943

Buche, Herbert: Der Grundsatz der Zumutbarkeit im Arbeitsrecht, SchlHA 1969, S. 172 - 174
(zit.: Zumutbarkeit)

Das Bürgerliche Gesetzbuch: Kommentar, herausgegeben von Reichsgerichtsräten und Bundesrichtern, 11. Aufl., I. Band, 2. Teil, Recht der Schuldverhältnisse, §§ 241 - 432, Berlin 1960
(zit.: BGB-RGRK)

Bürgi, W. (ohne ausgeschriebenen Vornamen): Ursprung und Bedeutung der Begriffe „Treu und Glauben" und „Billigkeit" im schweizerischen Zivilrecht, Bern 1939

Canaris, Claus-Wilhelm: Die Feststellung von Lücken im Gesetz, Schriften zur Rechtstheorie, Heft 3, Berlin 1964
(zit.: Feststellung von Lücken)

Claussen, Hans Rudolf und Werner *Janzen:* Bundesdisziplinarordnung, 2. Aufl., Köln, Berlin, Bonn, München 1970
(zit.: BDO)

Coing, Helmut: Die obersten Grundsätze des Rechts, Schriften der Süddeutschen Juristen-Zeitung, Heft 4, Heidelberg 1947
(zit.: Grundsätze)

— Grundzüge der Rechtsphilosophie, 2. Aufl., Berlin 1969
(zit.: Rechtsphilosophie)

Czermak, Fritz: Verwaltungsgerichtliche Nachprüfbarkeit der unbestimmten Rechtsbegriffe, NJW 1961, S. 1905 - 1907

Dahlinger, Erich: Gilt der Grundsatz der Verhältnismäßigkeit auch im Bereich der Leistungsverwaltung? DÖV 1966, S. 818 - 820
(zit.: Verhältnismäßigkeit)

Dahm, Georg: Deutsches Recht, 2. Aufl., Stuttgart, Berlin, Köln, Mainz 1963

Dallinger, Wilhelm: Aus der Rechtsprechung des Bundesgerichtshofes in Strafsachen, MDR 1958, S. 12 - 15

— Unzumutbarkeit der Erfolgsabwendung bei unechten Unterlassungsdelikten, JR 1968, S. 6 - 8

Dorn (ohne Vornamen): Umfang und Grenzen der Auskunftspflicht gegenüber dem Finanzamt, DStR 1952, S. 316 - 319

Dreher, Eduard: Strafgesetzbuch, 32. Aufl., München 1970

Dreher, Eduard, Karl *Lackner* und Georg *Schwalm:* Wehrstrafgesetz, München und Berlin 1958

Drews, Bill und Gerhard *Wacke:* Allgemeines Polizeirecht, 7. Aufl., Berlin, Köln, München, Bonn 1961
(zit.: Polizeirecht)

Dundalek, Ernst: Ruineneigentümer und Polizeipflicht, DöD 1951, S. 142 - 145

Ebert, Kurt: Das Recht des öffentlichen Dienstes, Berlin 1965

Eckert, Lutz: Leistungsstörungen in verwaltungsrechtlichen Schuldverhältnissen, DVBl 1962, S. 11 - 21
(zit.: Leistungsstörungen)

Elze, Hans: Lücken im Gesetz, Abhandlungen zur Rechtswissenschaft und zu ihrer Methode, 2. Heft, München und Leipzig 1916
(zit.: Lücken)

Engisch, Karl: Der Begriff der Rechtslücke, in: Festschrift für Wilhelm Sauer, Berlin 1949, S. 85 - 102
(zit.: Rechtslücke)

— Einführung in das juristische Denken, 3. Aufl., Stuttgart 1964
(zit.: Einführung)

— Die Idee der Konkretisierung in Recht und Rechtswissenschaft unserer Zeit, 2. Aufl., Heidelberg 1968

Enneccerus, Ludwig und Heinrich *Lehmann:* Recht der Schuldverhältnisse, 15. Bearb., Tübingen 1958

Enneccerus, Ludwig und Hans Carl *Nipperdey:* Allgemeiner Teil des Bürgerlichen Rechts, 1. Halbbd., 15. Aufl., Tübingen 1959
(zit.: Allgemeiner Teil)

Erichsen, Hans-Uwe: Anmerkung zum Urteil des OVG Lüneburg vom 25. 3. 1964 (SchlHA 1964, S. 291), SchlHA 1965, S. 117 - 120

— Baudispens und Übermaßverbot, DVBl 1967, 269 - 275

Erman, Walter (Herausgeber): Handkommentar zum Bürgerlichen Gesetzbuch, 4. Aufl., 1. Bd., Münster 1967
(zit.: BGB)

Esser, Josef: Schuldrecht, 2. Aufl., Karlsruhe 1960

— Schuldrecht, Bd. I, Allgemeiner Teil, 4. Aufl., Karlsruhe 1970
(zit.: Schuldrecht I)

Felix, Günther: Anmerkung zum Urteil des Bundesfinanzhofs vom 24. 11. 1954 (BStBl 1955, Teil III, S. 30), BB 1955, S. 118
(zit.: Anmerkung)

Fikentscher, Wolfgang: Die Geschäftsgrundlage als Frage des Vertragsrisikos, München 1971

— Schuldrecht, 3. Aufl., Berlin und New York 1971
(zit.: Schuldrecht)

Fischbach, Oskar Georg: Bundesbeamtengesetz, 1. Halbbd., 3. Aufl., Köln, Berlin, Bonn, München 1964
(zit.: Bundesbeamtengesetz)

Fleiner, Fritz: Institutionen des Deutschen Verwaltungsrechts, 8. Aufl., Tübingen 1928

Flor, Georg: Der Wehrdienst in der Konfliktsituation, NJW 1957, S. 243 - 246

Forsthoff, Ernst: Lehrbuch des Verwaltungsrechts, 1. Bd., Allgemeiner Teil, 9. Aufl., München und Berlin 1966
(zit.: Verwaltungsrecht)

Freudenthal (ohne Vornamen): Schuld und Vorwurf im geltenden Strafrecht, Tübingen 1922

Frey, Dieter: Die Zumutbarkeit im Strafrecht, Diss. Saarbrücken 1961
(zit.: Zumutbarkeit)

Friauf, Karl Heinrich: Polizei- und Ordnungsrecht, in: Besonderes Verwaltungsrecht (Herausgeber Ingo von Münch), 2. Aufl., Bad Homburg v. d. H., Berlin, Zürich 1970, S. 139 - 209
(zit.: Polizei- und Ordnungsrecht)

Gaul, Hans Friedhelm: Die Grundlagen des Wiederaufnahmerechts und die Ausdehnung der Wiederaufnahmegründe, Bielefeld 1956
(zit.: Grundlagen)

Gentz, Manfred: Zur Verhältnismäßigkeit von Grundrechtseingriffen, NJW 1968, S. 1600 - 1607
(zit.: Verhältnismäßigkeit)

Geppert, Klaus B.: Zur Frage der Verkehrsunfallflucht (§ 142 StGB) bei vorsätzlich herbeigeführtem Verkehrsunfall, GA 1970, S. 1 - 18
(zit.: Verkehrsunfallflucht)

Giacometti, Zaccaria: Allgemeine Lehren des rechtsstaatlichen Verwaltungsrechts, 1. Bd., Zürich 1960
(zit.: Allgemeine Lehren)

Godin, Reinhard Freiherr von und Paul *Ratz:* Kommentar zum Handelsgesetzbuch, 3. Bd. (§§ 343 - 372), 2. Aufl., Berlin 1963
(zit.: RGRK zum HGB)

Göbel, Heinz: Zumutbarkeit im Völkerrecht, Diss. Heidelberg 1949
(zit.: Zumutbarkeit)

Gönnenwein, Otto: Gemeinderecht, Tübingen 1963

Götz, Heinrich: Der Wirkungsgrad verfassungswidriger Gesetze, NJW 1960, S. 1177 - 1182

Götz, Volkmar: Allgemeines Polizei- und Ordnungsrecht, Göttingen 1970
(zit.: Polizei- und Ordnungsrecht)

Goldschmidt, James: Normativer Schuldbegriff, in: Festgabe für Frank, Bd. I, Tübingen 1930, S. 428 - 468
(zit.: Schuldbegriff)

Gowa, Ferdinand: Die Rechtsnorm von Treu und Glauben im Verwaltungsrecht, Diss. Hamburg 1933
(zit.: Treu und Glauben im Verwaltungsrecht)

Gribbohm, Günter: Ist die Anstiftung zur persönlichen Begünstigung straflos, wenn der Anstifter selbst begünstigt wird? MDR 1961, S. 197 - 200

— Verwendung und Funktionen der Unzumutbarkeit im Strafrecht, Diss. Kiel 1959
(zit.: Unzumutbarkeit)

— Zumutbarkeitserwägungen im Notwehrrecht, SchlHA 1964, S. 155 - 159
(zit.: Zumutbarkeitserwägungen)

Gygi, Fritz: Verwaltungsrecht und Privatrecht, Abhandlungen zum schweizerischen Recht, Heft 317, Bern 1956
(zit.: Verwaltungsrecht)

Haas, Diether: System der öffentlich-rechtlichen Entschädigungspflichten, Karlsruhe 1955
(zit.: System)

Häberle, Peter: „Öffentliches Interesse“ als juristisches Problem, Bad Homburg 1970
(zit.: Öffentliches Interesse)

Hahnenfeld, Günter: Arbeitssicherstellungsgesetz, München 1969

Hamann, Andreas: Deutsches Wirtschaftsverfassungsrecht, Neuwied, Berlin, Darmstadt 1958

Hamann, Andreas und Helmut *Lenz:* Das Grundgesetz für die Bundesrepublik Deutschland vom 23. Mai 1949, 3. Aufl., Neuwied und Berlin 1970
(zit.: Grundgesetz)

Hamburger, Max: Treu und Glauben im öffentlichen Recht, LZ 1931, S. 1438 bis 1447
(zit.: Recht)

— Treu und Glauben im Verkehr, Mannheim, Berlin, Leipzig 1930
(zit.: Treu und Glauben)

Hangartner, Yvo: Widerruf und Änderung von Verwaltungsakten aus nachträglich eingetretenen Gründen, Veröffentlichungen der Handels-Hochschule St. Gallen, Heft 56, Zürich und St. Gallen 1959
(zit.: Widerruf)

Hardt, Hans-Jürgen D.: Die allgemeinen Verwaltungsgrundsätze, DÖV 1971, S. 685 - 694

Haueisen, Fritz: Zum Problem des Vertrauensschutzes im Verwaltungsrecht, DVBl 1964, S. 710 - 721
(zit.: Problem des Vertrauensschutzes)

— Verwaltung und Bürger, DVBl 1961, S. 833 - 839

Heck, Philipp: Gesetzesauslegung und Interessenjurisprudenz, AcP Bd. 112 (1914), S. 1 - 318

— Begriffsbildung und Interessenjurisprudenz, Tübingen 1932

— Die Interessenjurisprudenz und ihre neuen Gegner, AcP Bd. 142 (1936), S. 129 - 202

Hein, G., E. *Eichhoff*, A. *Pukall* und E. *Krien* (ohne ausgeschriebene Vornamen): Güterkraftverkehrsrecht, 2. Bd., 3. Aufl., Berlin 1968

Heller, Theodor: Logik und Axiologie der analogen Rechtsanwendung, Neue Kölner rechtswissenschaftliche Abhandlungen, Heft 16, Berlin 1961
(zit.: Logik)

Helmreich, Karl und Julius *Widtmann:* Bayerische Gemeindeordnung, München 1966
(zit.: Gemeindeordnung)

Henkel, Heinrich: Einführung in die Rechtsphilosophie, München und Berlin 1964
(zit.: Rechtsphilosophie)

— Recht und Individualität, Berlin 1958
(zit.: Individualität)

— Zumutbarkeit und Unzumutbarkeit als regulatives Rechtsprinzip, in: Festschrift für Edmund Mezger, München und Berlin 1954, S. 249 - 309
(zit.: Zumutbarkeit)

Hensel, Albert: Steuerrecht, 3. Aufl., Berlin 1933

Herschel, Wilhelm: Beschränkung der Befugnis zur außerordentlichen Kündigung, in: Festschrift für Arthur Nikisch, Tübingen 1958, S. 49 - 62
(zit.: Kündigung)

Herschel, Wilhelm: Zumutbarkeit anderer Arbeit und Sozialprestige, ArbuR 1968, S. 193 - 206 (zit.: Zumutbarkeit)

Hesse, Konrad: Grundzüge des Verfassungsrechts der Bundesrepublik Deutschland, 4. Aufl., Karlsruhe 1970

— Der Rechtsstaat im Verfassungssystem des Grundgesetzes, in: Festgabe für Rudolf Smend, Tübingen 1962, S. 71 - 95

Heydte, Freiherr von der (ohne Vornamen): Staatsnotstand und Gesetzgebungsnotstand, in: Festschrift für Wilhelm Laforet, München 1952, S. 59 bis 81

Hilger, Marie-Luise: Kürzung und Widerruf von betrieblichen Pensionen bei Rückgang der Geschäftslage, BB 1951, S. 618 - 620

Hörstmann, Franz: Die Aufklärungspflicht des Finanzamts und die Mitwirkungspflicht des Steuerpflichtigen, StbJb 1964/65, S. 323 - 349
(zit.: Aufklärungspflicht)

Hoffmann, Gerhard: Die Verwaltung und das verfassungswidrige Gesetz, JZ 1961, S. 193 - 205

Huber, Ernst Rudolf: Wirtschaftsverwaltungsrecht, 2. Aufl., 2. Bd., Tübingen 1954
(zit.: Wirtschaftsverwaltungsrecht)

Hubmann, Heinrich: Grundsätze der Interessenabwägung, AcP Bd. 155 (1956), S. 85 - 134
(zit.: Interessenabwägung)

Hübschmann, Hepp und *Spitaler* (ohne Vornamen): Kommentar zur Reichsabgabenordnung, 1. - 5. Aufl., Köln 1951/68
(zit.: AO)

Imboden, Max: Der verwaltungsrechtliche Vertrag, Basler Studien zur Rechtswissenschaft, Heft 48, Basel 1958
(zit.: Vertrag)

Ipsen, Hans: Widerruf gültiger Verwaltungsakte, Abhandlungen und Mitteilungen aus dem Seminar für öffentliches Recht, Heft 26, Hamburg 1932

Isensee, Josef: Subsidiaritätsprinzip und Verfassungsrecht, Schriften zum Öffentlichen Recht, Bd. 80, Berlin 1968
(zit.: Subsidiaritätsprinzip)

Jacobs, Alexander von: Der öffentlich-rechtliche Benutzungszwang in der Verwaltungsordnung, Münster 1963
(zit.: Benutzungszwang)

Jagusch, Heinrich: Rechtsnorm und Normsituation, SJZ 1947, S. 295 - 301
(zit.: Normsituation)

Jellinek, Walter: Gesetz, Gesetzesanwendung und Zweckmäßigkeitserwägung, Tübingen 1913
(zit.: Gesetz)

— Verwaltungsrecht, 3. Aufl., unveränderter Neudruck, Offenburg 1948
(zit.: Verwaltungsrecht)

Jesch, Dietrich: Gesetz und Verwaltung, 2. Aufl., Tübingen 1968

— Unbestimmter Rechtsbegriff und Ermessen in rechtstheoretischer Sicht, AöR Bd. 82 (1957), S. 163 - 249
(zit.: Unbestimmter Rechtsbegriff)

Jescheck, Hans-Heinrich: Lehrbuch des Strafrechts, Allgemeiner Teil, Berlin 1969
(zit.: Lehrbuch)

Jhering, Rudolf von: Der Zweck im Recht, 1. Bd., 3. Aufl., Leipzig 1893

Jobst, Heinz: Der Streit um die Zumutbarkeit im Strafrecht, München 1935

Kaufmann, Arthur: Das Schuldprinzip, Heidelberg 1961

Kaufmann, Erich: Das Wesen des Völkerrechts und die clausula rebus sic stantibus, Aalen 1964, Nachdruck der Ausgabe Tübingen 1911

Kaufmann, Horst: Die Einrede der entgegenstehenden Gewissenspflicht, AcP Bd. 161 (1962), S. 289 - 316

Kegel, Gerhard: Die Einwirkung des Krieges auf Verträge in der Rechtsprechung Deutschlands, Frankreichs und der Vereinigten Staaten von Amerika, Beiträge zum ausländischen und internationalen Privatrecht, Heft 17, Berlin 1941
(zit.: Einwirkung des Krieges)

— Empfiehlt es sich, den Einfluß grundlegender Veränderungen des Wirtschaftslebens auf Verträge gesetzlich zu regeln und in welchem Sinn? (Geschäftsgrundlage, Vertragshilfe, Leistungsverweigerungsrecht), in: Verhandlungen des vierzigsten Deutschen Juristentages. Bd. I (Gutachten), Tübingen 1953
(zit.: Geschäftsgrundlage)

Kern, Eduard und Claus *Roxin:* Strafverfahrensrecht, 10. Aufl., München 1970

Kimminich, Otto: Die Rückwirkung von Gesetzen, JZ 1962, S. 518 - 524
(zit.: Rückwirkung)

Klein, Hans Hugo: Zur Auslegung des Rechtsbegriffs der „öffentlichen Sicherheit und Ordnung", DVBl 1971, S. 233 - 243

— Bundesverfassungsgericht und Staatsraison, Frankfurt a. M. und Berlin 1968

Kleinknecht, Theodor und Otto *Schwarz:* Strafprozeßordnung, 29. Aufl., München 1970
(zit.: StPO)

Kloesel, Arno und Rudolf *Christ:* Deutsches Ausländerrecht, Stuttgart, Berlin, Köln, Mainz, Stand: März 1971
(zit.: Ausländerrecht)

Knoche, Wolfgang: Der Eideszwang und das Gewissen, Recht und Politik 1970, S. 21 - 24

Kodal, Kurt: Straßenrecht, 2. Aufl., München und Berlin 1964

Köttgen, Arnold: Gemeindliche Daseinsvorsorge und gewerbliche Unternehmerinitiative, Göttinger rechtswissenschaftliche Studien, Bd. 34, Göttingen 1961
(zit.: Daseinsvorsorge)

Kohlrausch, Eduard und Richard *Lange:* Strafgesetzbuch, 43. Aufl., Berlin 1961
(zit.: Strafgesetzbuch)

Krauss, Rupprecht von: Der Grundsatz der Verhältnismäßigkeit, Abhandlungen aus dem Seminar für Öffentliches Recht, Heft 44, Hamburg 1955
(zit.: Verhältnismäßigkeit)

Krückmann (ohne Vornamen): Clausula rebus sic stantibus, Kriegsklausel, Streikklausel, AcP Bd. 116 (1918), S. 157 - 481

Krüger, Herbert: Allgemeine Staatslehre, 2. Aufl., Stuttgart, Berlin, Köln, Mainz 1966

Krüger, Hildegard: Grenzen der Zumutbarkeit aus Gewissensgründen im Arbeitsrecht, RdA 1954, S. 365 - 375

Kruse, Heinrich Wilhelm: Steuerrecht, I. Allgemeiner Teil, 2. Aufl., München 1969
(zit.: Steuerrecht)

Kühn, Rolf und Heinz *Kutter:* Abgabenordnung, 10. Aufl., Stuttgart 1970

Lackner, Karl und Hermann *Maassen:* Strafgesetzbuch, 5. Aufl., München 1969

Larenz, Karl: Geschäftsgrundlage und Vertragserfüllung, 3. Aufl., München und Berlin 1963

— Lehrbuch des Schuldrechts, 1. Bd., Allgemeiner Teil, 10. Aufl., München 1970
(zit.: Schuldrecht)

— Methodenlehre der Rechtswissenschaft, 2. Aufl., Berlin, Heidelberg, New York 1969
(zit.: Methodenlehre)

— Rechts- und Staatsphilosophie der Gegenwart, 2. Aufl., Berlin 1935

— Allgemeiner Teil des Deutschen Bürgerlichen Rechts, München 1967

— Wegweiser zu richterlicher Rechtsschöpfung, in: Festschrift für Arthur Nikisch, Tübingen 1958, S. 275 - 305
(zit.: Wegweiser)

Lassar, Gerhard: Der Erstattungsanspruch im Verwaltungs- und Finanzrecht, Öffentlich-rechtliche Abhandlungen, 2. Heft, Berlin 1921

Leenen, Detlef: Typus und Rechtsfindung, Schriften zur Rechtstheorie, Heft 26, Berlin 1971
(zit.: Rechtsfindung)

Lehmann, Heinrich und Heinz *Hübner:* Allgemeiner Teil des Bürgerlichen Gesetzbuches, 16. Aufl., Berlin 1966

Lenckner, Theodor: Der rechtfertigende Notstand, Tübinger rechtswissenschaftliche Abhandlungen, Bd. 14, Tübingen 1965

— Die Rechtfertigungsgründe und das Erfordernis pflichtgemäßer Prüfung, in: Festschrift für Hellmuth Mayer, Berlin 1966, S. 165 - 184

Lerche, Peter: Übermaß und Verfassungsrecht, Köln, Berlin, München, Bonn 1961
(zit.: Übermaß)

Lindgen, Erich: Handbuch des Disziplinarrechts, 1. Bd., Allgemeine Lehren, Materielles Disziplinarrecht, Berlin 1966
(zit.: Handbuch)

Liszt, Franz von und Eberhard *Schmidt:* Lehrbuch des Deutschen Strafrechts, 26. Aufl., Berlin und Leipzig 1932

Loening, Hellmuth: Die gesetzliche Koppelung von unbestimmtem Rechtsbegriff und Ermessenstatbestand bei der Versagung und Entziehung von Begünstigungen, DVBl 1952, S. 197 - 201

Löwisch, Manfred: Rechtswidrigkeit und Rechtfertigung von Forderungsverletzungen, AcP Bd. 165 (1965), S. 421 - 452
(zit.: Rechtswidrigkeit)

Luhmann, Niklas: Die Gewissensfreiheit und das Gewissen, AöR Bd. 90 (1965), S. 257 - 286

Mang, Johann, Theodor *Maunz,* Franz *Mayer* und Klaus *Obermayer:* Staats- und Verwaltungsrecht in Bayern, 3. Aufl., München 1968

Mangakis, Georgios A.: Über das Verhältnis von Strafrechtsschuld und Willensfreiheit, ZStW Bd. 75 (1963), S. 499 - 540
(zit.: Strafrechtsschuld)

Mangoldt, Hermann von und Friedrich *Klein:* Das Bonner Grundgesetz, Bd. I, 2. Aufl., Berlin und Frankfurt a. M. 1957
(zit.: Grundgesetz)

Mattern, Gerhard: Treu und Glauben im Steuerrecht, Stuttgart 1958
(zit.: Treu und Glauben)

Maunz, Theodor: Die verfassungsgebende Gewalt im Grundgesetz, DÖV 1953, S. 645 - 648

— Deutsches Staatsrecht, 17. Aufl., München 1969
(zit.: Staatsrecht)

Maunz, Theodor, Günter *Dürig* und Roman *Herzog:* Grundgesetz, Bd. I, Lieferung 1 - 11, München 1970
(zit.: Grundgesetz)

Maunz, Theodor, Heinrich *Sigloch,* Bruno *Schmidt-Bleibtreu* und Franz *Klein:* Bundesverfassungsgerichtsgesetz, Lieferungen 1 und 2, München und Berlin 1967

Maurach, Reinhart: Deutsches Strafrecht, Allgemeiner Teil, 4. Aufl., Karlsruhe 1971
(zit.: Strafrecht)

— Deutsches Strafrecht, Besonderer Teil, 5. Aufl., Karlsruhe 1969
(zit.: Strafrecht BT)

Mayer, Hellmuth: Strafrecht, Allgemeiner Teil, Stuttgart und Köln 1953
(zit.: Strafrecht)

Mayer, Otto: Zur Lehre vom öffentlich-rechtlichen Vertrage, AöR Bd. 3 (1888), S. 3 - 86

— Deutsches Verwaltungsrecht, 1. Bd., unveränderter Nachdruck der 1924 erschienenen 3. Aufl., Berlin 1961

Meier-Branecke, H. (ohne ausgeschriebenen Vornamen): Die Anwendbarkeit privatrechtlicher Normen im Verwaltungsrecht, AöR Bd. 50 (1926), S. 230 bis 286

Menger, Christian-Friedrich: System des verwaltungsgerichtlichen Rechtsschutzes, Tübingen 1954

Menger, Christian-Friedrich und Hans-Uwe *Erichsen:* Höchstrichterliche Rechtsprechung zum Verwaltungsrecht, VerwArch Bd. 57 (1966), S. 175 bis 189

Merk, Wilhelm: Deutsches Verwaltungsrecht, 1. Bd., Berlin 1962
(zit.: Verwaltungsrecht I)

— Deutsches Verwaltungsrecht, 2. Bd., Berlin 1970
(zit.: Verwaltungsrecht II)

Mezger, Edmund und Hermann *Blei:* Strafrecht, I. Allgemeiner Teil, 14. Aufl., München 1970

— Strafrecht, II. Besonderer Teil, 9. Aufl., München und Berlin 1966

Michel, Helmut: Die verfassungskonforme Auslegung, JuS 1961, S. 274 - 281

Müller-Dietz, Heinz: Grenzen des Schuldgedankens im Strafrecht, Freiburger rechts- und staatswissenschaftliche Abhandlungen, Bd. 26, Karlsruhe 1967

Müller-Erzbach, Rudolf: Die Relativität der Begriffe und ihre Begrenzung durch den Zweck des Gesetzes, Jhr Jahrb Bd. 61 (1912), S. 343 - 384
(zit.: Relativität der Begriffe)

Müller-Tochtermann, Helmut: Der unbestimmte Rechtsbegriff — logisch unhaltbar oder sinnvoll? NJW 1962, S. 1238 - 1239

Musterentwurf: eines Verwaltungsverfahrensgesetzes, 2. Aufl., Köln und Berlin 1968
(zit.: Musterentwurf eines Verwaltungsverfahrensgesetzes)

Nawiasky, Hans, Claus *Leusser,* Karl *Schweiger* und Hans *Zacher:* Die Verfassung des Freistaates Bayern, 2. Aufl., München 1964

Nebinger, Robert: Verwaltungsrecht, Allgemeiner Teil, 2. Aufl., Stuttgart 1949
(zit.: Verwaltungsrecht)

Neumann, Siegfried: Die Grenzen des Vertrauensschutzes im öffentlichen Recht, NJW 1962, S. 1085 - 1087
(zit.: Grenzen des Vertrauensschutzes)

Nikisch, Arthur: Arbeitsrecht, I. Bd., Allgemeine Lehren und Arbeitsvertragsrecht, 3. Aufl., Tübingen 1961

— Das Direktionsrecht des Arbeitgebers und seine Grenzen, BB 1950, S. 538 bis 540

Nipperdey, Hans Carl: Vertragstreue und Nichtzumutbarkeit der Leistung, Mannheim, Berlin, Leipzig 1921
(zit.: Nichtzumutbarkeit)

Nofth, Wolfgang: Die Zumutbarkeit im Verwaltungsrecht, SchlHA 1969, S. 167 - 168
(zit.: Zumutbarkeit)

Obermayer, Klaus: Gedanken zur Methode der Rechtserkenntnis, NJW 1966, S. 1885 - 1892
(zit.: Methode der Rechtserkenntnis)

Oertmann, Paul: Die Geschäftsgrundlage, Leipzig und Berlin 1921

— Geschäftsgrundlage, in: Handwörterbuch der Rechtswissenschaft, herausgegeben von Stier - Somlo und Elster, 2. Bd., Berlin und Leipzig 1927, S. 803 - 806
(zit.: Geschäftsgrundlage)

Oestreicher, Ernst: Bundessozialhilfegesetz mit Recht der Kriegsopferfürsorge, Stand: 15. August 1970, München
(zit.: Bundessozialhilfegesetz)

Oppe, Wilfried: Anmerkung zum Urteil des Landgerichts Düsseldorf vom 16. 1. 1969 (NJW 1969, S. 1261), NJW 1966, S. 1261 - 1262

Ossenbühl, Fritz: Die Rücknahme fehlerhafter begünstigender Verwaltungsakte, Neue Kölner rechtswissenschaftliche Abhandlungen, Heft 29, Berlin 1964
(zit.: Rücknahme)

— Vertrauensschutz im sozialen Rechtsstaat, DÖV 1972, S. 25 - 36
(zit.: Vertrauensschutz)

Oswald, Franz: Zum Problem der Zumutbarkeit im Steuerrecht, in: Blattei-Handbuch Rechts- und Wirtschaftspraxis, 14 D Steuerrecht, Abgabenordnung, Abteilung II B 13 Einzelfragen (ab 1964), Zumutbarkeit, S. 73 - 76 (zit.: Zumutbarkeit)

Palandt, Otto: Bürgerliches Gesetzbuch, 31. Aufl., München 1972 (zit.: BGB)

Paulick, Heinz: Die Auskunftspflicht der steuerpflichtigen und dritter Personen im Steuerermittlungs-, Steueraufsichts- und Steuerstrafverfahren und ihre rechtsstaatlichen Grenzen, in: Festschrift für Armin Spitaler, Köln 1958, S. 53 - 106

— Grundgesetz und Besteuerung, StbJb 1957/58, S. 85 - 142 (zit.: Grundgesetz)

Peters, Hans: Lehrbuch der Verwaltung, Berlin, Göttingen, Heidelberg 1949 (zit.: Verwaltung)

Peters, Karl: Eid, in: Staatslexikon, 2. Bd., 6. Aufl., Freiburg 1958, S. 1055 bis 1060

— Strafprozeß, 2. Aufl., Karlsruhe 1966

Pfeiffer, Gerd, Heinrich *Maul* und Benno *Schulte:* Strafgesetzbuch, Essen 1969

Pieper, Wolfgang: Die Systematik des wichtigen Grundes zur außerordentlichen Kündigung, insbesondere bei Arbeitsverhältnissen, Diss. Köln 1956

Plog, Ernst und Alexander *Wiedow:* Kommentar zum Bundesbeamtengesetz, Stand: Ergänzungslieferung Nr. 55, Neuwied 1967 (zit.: Bundesbeamtengesetz)

Podlech, Adalbert: Gewissensfreiheit und Beamteneid, JuS 1968, S. 120 - 125 (zit.: Gewissensfreiheit)

— Das Grundrecht der Gewissensfreiheit und die besonderen Gewaltverhältnisse, Schriften zum Öffentlichen Recht, Bd. 92, Berlin 1969 (zit.: Grundrecht der Gewissensfreiheit)

Prandl, Josef und Joachim *Gillessen:* Bayerisches Straßen- und Wegegesetz (Bay StrWG), 2. Aufl., München 1970

Pusch, Björn: Der Grundsatz der Zumutbarkeit im Abgabenrecht, SchlHA 1969, S. 171 - 172 (zit.: Zumutbarkeit)

Reiff, Hermann: Polizeigesetz für Baden-Württemberg, Stuttgart, München, Hannover 1956

Reiff, Hermann und Günter *Wöhrle:* Kommentar zum Polizeigesetz für Baden-Württemberg, 2. Aufl., Stuttgart 1971

Reinicke, G. und D. (ohne ausgeschriebenen Vornamen): Die Auslegungsgrundsätze des Bundesarbeitsgerichts (II), NJW 1955, S. 1662 - 1666

Risken, Arno: Grenzen amtlicher und dienstlicher Weisungen im öffentlichen Recht, Schriften zum Öffentlichen Recht, Bd. 87, Berlin 1969

Rittau, Martin: Soldatengesetz, München und Berlin 1957

Röwer, Heinz-Hugo: Die Zumutbarkeit als spezielles täterschaftliches Merkmal beim Handeln durch Unterlassen, NJW 1958, S. 1528 - 1529

— Die Zumutbarkeit des Rechtsgehorsams, Diss. Köln 1957 (zit.: Zumutbarkeit)

Rosenberg, Leo und Karl Heinz *Schwab:* Zivilprozeßrecht, 10. Aufl., München 1969

Roxin, Claus: Täterschaft und Tatherrschaft, Hamburger Rechtsstudien, Heft 50, 2. Aufl., Hamburg 1967

— Unfallflucht eines verfolgten Diebes, NJW 1969, S. 2038 - 2040 (zit.: Unfallflucht)

Rudolphi, Hans-Joachim: Unrechtsbewußtsein, Verbotsirrtum und Vermeidbarkeit des Verbotsirrtums, Göttinger rechtswissenschaftliche Studien, Bd. 76, Göttingen 1969

Rümelin, Gustav: Juristische Begriffsbildung, Leipzig 1878 (zit.: Begriffsbildung)

Rupp, Hans Heinrich: Beweisverbote im Strafprozeß in verfassungsrechtlicher Sicht, in: Verhandlungen des 46. Deutschen Juristentages (1966), Bd. I, Teil 3 A, München und Berlin 1966, S. 165 - 211 (zit.: Beweisverbote)

Rzepka, Walter: Bayerisches Straßen- und Wegerecht, Köln, Berlin, Hamburg usw. 1968 (zit.: Straßenrecht)

Salzwedel, Jürgen: Die Grenzen der Zulässigkeit des öffentlich-rechtlichen Vertrages, Neue Kölner rechtswissenschaftliche Abhandlungen, Heft 11, Berlin 1958 (zit.: Grenzen der Zulässigkeit)

Sauer, Wilhelm: Juristische Methodenlehre, Stuttgart 1940

Schack, Friedrich: „Analogie" und „Verwendung allgemeiner Rechtsgedanken" bei der Ausfüllung von Lücken in den Normen des Verwaltungsrechts, in: Festschrift für Laun, Hamburg 1948, S. 275 - 294 (zit.: Analogie)

— Die verfassungskonforme Auslegung, JuS 1961, S. 269 - 274

Schaffstein, Friedrich: Die Nichtzumutbarkeit als allgemeiner übergesetzlicher Schuldausschließungsgrund, Abhandlungen der Rechts- und Staatswissenschaftlichen Fakultät der Universität Göttingen, Heft 15, Leipzig 1933 (zit.: Nichtzumutbarkeit)

Scherer, Werner: Soldatengesetz, 3. Aufl., Berlin und Frankfurt a. M. 1968

Scheuner, Ulrich: Die Einwirkung der verfassungsgerichtlichen Feststellung der Nichtigkeit von Rechtsnormen auf vorgängige Hoheitsakte, BB 1960, S. 1253 - 1256

— Der Schutz der Gewissensfreiheit im Recht der Kriegsdienstverweigerer, DÖV 1951, S. 201 - 205

— Die neuere Entwicklung des Rechtsstaats in Deutschland, in: v. Caemmerer, Friesenhahn, Lange (Herausgeber), Hundert Jahre Deutsches Rechtsleben, Bd. II, Karlsruhe 1960, S. 229 - 262

Schick, Walter: Untergesetzliche Rechtssätze als Enteignungsnormen, DVBl 1962, S. 774 - 777

— Verfassungswidrige, aber „gültige" Steuergesetze, JZ 1969, S. 371 - 374

Schlabrendorff, von (ohne Vornamen): Abweichende Meinung, NJW 1972, S. 1185 - 1187

Schlegel, Helmut: Das Problem der Zumutbarkeit im Sozialrecht, SozSi 1969, S. 291 - 297
(zit.: Zumutbarkeit)

Schmidt-Bleibtreu, Bruno und Franz *Klein:* Kommentar zum Grundgesetz für die Bundesrepublik Deutschland, 2. Aufl., Neuwied und Berlin 1969
(zit.: Grundgesetz)

Schmidt-Salzer, Joachim: Der Beurteilungsspielraum der Verwaltungsbehörden, Schriften zum Öffentlichen Recht, Bd. 74, Berlin 1968
(zit.: Beurteilungsspielraum)

Schmitt, Carl: Legalität und Legitimität, München und Leipzig 1932
(zit.: Legalität)

Schneider, Hans: Anmerkung zum Urteil des Badischen Verwaltungsgerichtshofs vom 16. 9. 1952 (JZ 1953, S. 238), JZ 1953, S. 240 - 241

Schnorr, Gerhard: Handeln auf Befehl, JuS 1963, S. 293 - 301

Schnur, Roman: Pressefreiheit, VVDStRL Bd. 22 (1965), S. 101 - 159

Schönke, Adolf und Kurt *Kuchinke:* Zivilprozeßrecht, 9. Aufl., Karlsruhe 1969

Schönke, Adolf und Horst *Schröder:* Strafgesetzbuch, 16. Aufl., München 1972
(zit.: Strafgesetzbuch)

Schreiber, Rupert: Die Geltung von Rechtsnormen, Berlin, Heidelberg, New York 1966
(zit.: Rechtsnormen)

Schröder, Horst: Die sogenannte Rückkehrpflicht bei § 142 StGB, NJW 1966, S. 1001 - 1004

Schubert, E. (ohne ausgeschriebenen Vornamen): Die Rechtsnatur der Zumutbarkeit (§ 1246 RVO), SV 1962, S. 298 - 301

Schüle, Adolf: Treu und Glauben im deutschen Verwaltungsrecht, VerwArch Bd. 38 (1933), S. 399 - 436
(zit.: Treu und Glauben)

Schüler, Erhard und Peter *Wirtz:* Rechtsprechung zum Ausländerrecht, Berlin 1971

Schweiger, Karl: Der „gebildete Durchschnittsmensch" und der unbestimmte Rechtsbegriff, DVBl 1968, S. 481 - 490
(zit.: Rechtsbegriff)

Schwinge, Erich: Militärstrafgesetzbuch, 6. Aufl., Berlin 1944

Siegel, Wolfram: Kommentar zum Straßen- und Wegegesetz des Landes Schleswig-Holstein, Wiesbaden 1964

Simons, Lothar: Leistungsstörungen verwaltungsrechtlicher Schuldverhältnisse, Schriften zum Öffentlichen Recht, Bd. 45, Berlin 1967
(zit.: Leistungsstörungen)

Söhn, Hartmut: Eigentumsrechtliche Probleme des gemeindlichen Anschluß- und Benutzungszwanges, Diss. München 1965
(zit.: Eigentumsrechtliche Probleme)

Soergel, Hs. Th. und W. *Siebert* (ohne ausgeschriebene Vornamen): Bürgerliches Gesetzbuch, Bd. 2, Schuldrecht I (§§ 241 - 610), 10. Aufl., Stuttgart, Berlin, Köln, Mainz 1967
(zit.: BGB)

Spanner, Hans: Die verfassungskonforme Auslegung in der Rechtsprechung des Bundesverfassungsgerichts, AöR Bd. 91 (1966), S. 503 - 536

Spitaler, Armin: Besprechung von *Mattern*, Treu und Glauben im Steuerrecht, JZ 1959, S. 327

— Der maßvolle Gesetzesvollzug im Steuerrecht, StbJb 1961/62, S. 461 - 479

— Treu und Glauben im Steuerrecht, StbJb 1952, S. 335 - 356

Sporbeck, Werner: Neue Tatsachen im Steuerrecht, München 1970
(zit.: Steuerrecht)

Stahl, Leo: Die sogenannte clausula rebus sic stantibus im BGB, München und Berlin 1909
(zit.: clausula)

Stammler, Rudolf: Lehrbuch der Rechtsphilosophie, 3. Aufl., Berlin und Leipzig 1928
(zit.: Rechtsphilosophie)

— Theorie der Rechtswissenschaft, Halle 1911
(zit.: Theorie)

Staudinger, J. von (ohne ausgeschriebenen Vornamen): Kommentar zum Bürgerlichen Gesetzbuch, II. Bd., Recht der Schuldverhältnisse, Teil 1 b, § 242, 11. Aufl., Berlin 1961
(zit.: BGB)

Stein, Ekkehart: Die Grenzen des dienstlichen Weisungsrechts, in: Recht und Staat, Hefte 313/314, Tübingen 1965

Steinberg, Wilhelm: Das Problem der Zumutbarkeit im Steuerrecht, BB 1968, S. 433 - 438
(zit.: Zumutbarkeit)

Stern, Klaus: Zur Grundlegung einer Lehre des öffentlich-rechtlichen Vertrages, VerwArch Bd. 49 (1958), S. 106 - 157

Stich, Rudolf Franz: Vertrauensschutz im Verwaltungsrecht, Diss. Mainz 1954
(zit.: Vertrauensschutz)

Stödter, Rolf: Öffentlich-rechtliche Entschädigung, Abhandlungen und Mitteilungen aus dem Seminar für Öffentliches Recht, Heft 28, Hamburg 1933

— Über den Enteignungsbegriff, DÖV 1953, S. 97 - 101

Stratenwerth, Günter: Strafrecht, Allgemeiner Teil I, Berlin, Bonn, München 1971

Strathmann, Hermann: Die metaphysische Eselsbrücke der Juristen, in: Bethke, Eid, Gewissen, Treuepflicht, Frankfurt a. M. 1965, S. 113 - 121

Thomä, Karl Eugen: Auskunfts- und Betriebsprüfungsrecht der Verwaltung, Recht der Wirtschaftslenkung, Bd. 3, Heidelberg 1955
(zit.: Auskunfts- und Betriebsprüfungsrecht)

Tipke, Klaus: Steuerliche Betriebsprüfung im Rechtsstaat, Steuerrecht im Rechtsstaat, Heft 6, München 1968
(zit.: Rechtsstaat)

Tipke, Klaus und Heinrich Wilhelm *Kruse*: Reichsabgabenordnung, 2. - 5. Aufl., Köln-Marienburg 1965/72
(zit.: AO)

Tober, Dieter Erich: Wegfall der „Geschäftsgrundlagen" im Verwaltungsrecht, BayVBl 1970, 357 - 358
(zit.: Geschäftsgrundlagen)

Ule, Carl Hermann: Öffentlicher Dienst, in: Bettermann - Nipperdey, Die Grundrechte, 4. Bd., 2. Halbbd., Berlin 1962, S. 537 - 671

Ule, Carl Hermann und Ernst *Rasch:* Allgemeines Polizei- und Ordnungsrecht, in: Verwaltungsgesetze des Bundes und der Länder (neu herausgegeben von C. H. Ule) Bd. III, 1. Halbbd., Köln, Berlin, Bonn, München 1965

Weber, Wilhelm: Zumutbarkeit und Nichtzumutbarkeit als rechtliche Maßstäbe, JurJb 1962/63, S. 212 - 240
(zit.: Zumutbarkeit)

Weigelin, Ernst: Die Lücken im Recht, JherJb Bd. 88 (1939/40), S. 1 - 30

Weimar, Wilhelm: Wann und inwieweit muß sich ein Beamter einer Operation unterziehen? DöD 1964, S. 47 - 49
(zit.: Operation)

Weissmann, Günter: Ausländergesetz, Berlin 1966
(zit.: Ausländergesetz)

Welzel, Hans: Zur Problematik der Unterlassungsdelikte, JZ 1958, S. 494 - 497

— Das Deutsche Strafrecht, 11. Aufl., Berlin 1969
(zit.: Strafrecht)

Werner, Fritz: Zum Verhältnis von gesetzlichen Generalklauseln und Richterrecht, Karlsruhe 1966

Westerhoff, Wilhelm: Unklare Rechtsgestaltungen in ihrer Bedeutung für das Steuerrecht, Schriftenreihe des Instituts für Steuerrecht der Universität zu Köln, Bd. 8, Düsseldorf 1959
(zit.: Rechtsgestaltungen)

Wieacker, Franz: Zur rechtstheoretischen Präzisierung des § 242 BGB, in: Recht und Staat, Hefte 193/194, Tübingen 1956

— Vertragsbruch aus Gewissensnot, JZ 1954, S. 466 - 468

Wittig, Peter: Der übergesetzliche Schuldausschließungsgrund der Unzumutbarkeit in verfassungsrechtlicher Sicht, JZ 1969, S. 546 - 548
(zit.: Unzumutbarkeit)

Wolff, Hans J.: Rechtsgrundsätze und verfassungsgestaltende Grundentscheidungen als Rechtsquellen, in: Gedächtnisschrift für Walter Jellinek, München 1955, S. 33 - 52

— Verwaltungsrecht I, 8. Aufl., München 1971
(zit.: Verwaltungsrecht I)

— Verwaltungsrecht II, 3. Aufl., München 1970
(zit.: Verwaltungsrecht II)

— Verwaltungsrecht III, 2. Aufl., München und Berlin 1967
(zit.: Verwaltungsrecht III)

Zitelmann, Ernst: Lücken im Recht, Leipzig 1903

FSC
www.fsc.org
MIX
Papier | Fördert gute Waldnutzung
FSC® C083411

Kolibri 360 GmbH
Ferdinand-Jühlke-Straße 7
99095 Erfurt, Deutschland
produktsicherheit@kolibri360.de

Druck:
CPI Druckdienstleistungen GmbH
im Auftrag der
Kolibri 360 GmbH
Ferdinand-Jühlke-Str. 7
99095 Erfurt